APOLOGÍA DEL LIBRO DE TEXTO

Cómo escribir, elegir y utilizar un buen manual

Nuno Crato

NARCEA, S.A. DE EDICIONES
UNIVERSIDAD CAMILO JOSÉ CELA

Coeditan:

© NARCEA, S.A. DE EDICIONES, 2024
Paseo Imperial, 53-55. 28005 Madrid. España
www.narceaediciones.es

ISBN papel: 978-84-277-3196-7
ISBN ePdf: 978-84-277-3197-4
ISBN ePub: 978-84-277-3198-1
Depósito legal: M-17831-2024

© UCJC Stamp® UNIVERSIDAD CAMILO JOSÉ CELA. Servicio de Publicaciones, 2024
Castillo de Alarcón, 49. Urb. Villafranca del Castillo.
28692 Villanueva de la Cañada (Madrid)

ISBN papel: 978-84-18960-15-4

Impreso en España. Printed in Spain

Me enjugué los ojos, porque de todas las palabras de José Dias, sólo una se me quedó grabada en el corazón; aquello fue gravísimo. Después comprendí que sólo quería decir grave, pero el uso del superlativo alarga la boca, y, por el bien de la época, José Dias hizo crecer mi tristeza.

Si encuentras algún caso de la misma naturaleza en este libro, házmelo saber, lector, para que lo enmiende en la segunda edición; no hay nada más feo que dar patas muy largas a ideas muy cortas.

MACHADO DE ASSIS: *Dom Casmurro*

Índice

Agradecimientos

Como en todo lo que hago, estoy en deuda con mi mujer, que aguanta mis monólogos y diálogos, me corrige y me muestra caminos. También estoy en deuda con muchos otros amigos que leyeron partes de este libro y me dieron valiosos consejos. João Filipe Queiró, con su agudo sentido crítico y su infinita sabiduría, Isabel Hormigo, con sus conocimientos enciclopédicos y su visión crítica de la educación en Portugal, Célia Oliveira, con sus inmensos conocimientos de psicología de la educación, y António Araújo, con su experiencia y sagacidad editorial, perdieron el tiempo luchando contra un manuscrito retorcido y buscando soluciones a las partes más deficientes. João Maroco, Jorge Nuno Silva, Mónica Vieira y algunos otros amigos leyeron partes de este libro y me ayudaron a rectificarlas y aclararlas.

A todos ellos les debo la corrección de muchos errores y equivocaciones. Por ignorancia o terquedad, no seguí todos sus consejos, por lo que es evidente que ellos no son responsables de mi testarudez, de las deficiencias de esta obra y, menos aún, de las opiniones que expreso en ella.

Estoy también en deuda con la Fundação Francisco Manuel dos Santos, que amablemente me permitió adaptar extractos del mi ensayo *Aprender* (Lisboa, 2025) en lo capítulos sobre Ausubel y en la crítica del currículo competencial.

Por último, quiero expresar mi gratitud al profesor Francisco López Rupérez, que desde el primer momento apoyó la publicación de este volumen en la colección que dirige y, mucho más allá de sus funciones editoriales, asesoró y revisó este texto. Por supuesto, las deficiencias que subsisten en este trabajo son de mi exclusiva responsabilidad.

Presentación

Supone para mí un motivo de sincera satisfacción presentar esta primera obra en español del profesor Nuno Crato. Y no solo por la relevancia de su autor, sino también por la temática que en ella se aborda y por el modo en que se hace.

El profesor Nuno Crato es una figura internacional que ha combinado sucesivamente su condición de académico, en el área de las matemáticas y la estadística, con su experiencia como Ministro de Educación y Ciencia de Portugal, durante el cuatrienio comprendido entre 2011 y 2015. Su importante papel en la transformación de la educación lusa ha sido avalado por la evolución de los resultados del país hermano en las evaluaciones internacionales a gran escala y reconocido por organizaciones multilaterales como la OCDE. Es persona muy solicitada como consultor, para el asesoramiento de gobiernos, de organismos internacionales y de fundaciones centradas en la educación. De ello da muestra su condición, entre otras, de miembro del *Conseil Scientifique de L'Éducation National* (CSEN) del Gobierno de Francia.

Cuando conversamos, por primera vez, sobre su idea de escribir una obra centrada en el libro de texto y escuché alguno de sus argumentos seminales, pronto advertí que podría ser un libro de gran interés para la educación española. Desde ese momento, todo han sido facilidades en el desarrollo del proyecto que se ha visto materializado en el volumen que aquí se presenta. Y es que Nuno es una persona especial con la que resulta muy cómodo trabajar. En tiempos en los cuales es relativamente frecuente toparse con egos sobredimensionados que generan barreras y dificultan la comunicación, encontrar a una persona sencilla y, a la vez, de muy alto nivel, produce un indescriptible solaz intelectual y moral.

A pesar de que en España el papel del libro de texto ha sido puesto en tela de juicio por algunos movimientos de renovación pedagógica que postulan su desaparición, organismos internacionales nada sospechosos de retrógrados, como la Organización de Naciones Unidas para la Educación, la Ciencia y la Cultura (UNESCO), han defendido el recurso al libro de texto con argumentos plausibles que alcanzan, de un modo transversal, a los principales actores de la educación. Así, en su *Informe de seguimiento de la educación en el mundo* (2016), la UNESCO afirmaba:

> Los docentes necesitan los libros de texto como ayuda para orientarse respecto de lo que tienen que hacer en el aula, del mismo modo que los alumnos los necesitan como apoyo de la experiencia de aprendizaje en su totalidad. Igualmente, las personas encargadas de la formulación de políticas necesitan los libros de texto para transformar los objetivos educativos generales en actividades concretas en el aula (p.2).

Pero, *Apología del libro de texto. Cómo escribir, elegir y utilizar un buen manual*, no solo comporta una defensa de los manuales escolares, como instrumentos efectivos de enseñanza y de aprendizaje, sino que va un paso más allá al postular la necesidad de disponer de buenos libros de texto, entendiendo por tales aquéllos que se escriben tomando en consideración, en cuanto a su presentación, su estructura, su secuenciación de contenidos, su estrategia expositiva y sus ejercicios prácticos y materiales anejos, principios que se apoyan en la evidencia empírica. La psicología cognitiva y del aprendizaje proporcionan información sobre cómo aprendemos, y esa información resulta decisiva para promover en la mente de los alumnos un aprendizaje eficaz.

Las nuevas exigencias de un contexto de naturaleza socioeconómica, marcado por la globalización, la revolución digital y sus complejas interacciones, han situado la educación y la formación en un lugar central, en los análisis y en las políticas que pretenden ganar el futuro. Sin embargo, la información procedente tanto de las evaluaciones internacionales como de otros indicadores de resultados, basados en estadísticas consolidadas sobre la educación escolar, indican de forma fehaciente que el sistema educativo español, en materia de rendimiento, precisa mejorar con urgencia.

En estas circunstancias, un buen libro de texto que incorpore, de un modo ordenado y sistemático, esos principios instructivos validados empíricamente que recoge este libro, constituirá un instrumento potencial de cambio hacia esa mejora de los resultados que la educación española necesita. Estaríamos en tal caso ante un proceso de cambio masivo, eficaz y tranquilo. Masivo, porque alcanzaría a todos los alumnos a la vez, es decir, sería fácilmente escalable, y generaría por ello cambios medibles o detectables sobre el conjunto del sistema. Eficaz, no solo porque a diferencia de otras políticas útiles sus efectos se dejarían sentir de un curso al siguiente, sino también porque compensaría la influencia de un insuficiente dominio de las materias que está asociado a una creciente polivalencia del profesorado, particularmente en la Educación Secundaria. Y tranquilo, en el sentido de pacífico, de que no debería generar discordias políticas mayores.

La obra de Nuno Crato apuesta por un libro de texto, configurado y desarrollado de acuerdo con la evidencia empírica disponible, apoyado en fuentes de evidencia de distinta naturaleza, pero que no ignora los hallazgos de las ciencias cognitivas sobre la manera en que nuestro cerebro aprende. Por tal motivo, constituye un instrumento que, bien empleado, puede impulsar ese cambio hacia la mejora que urge a nuestra educación.

Finalmente, se trata de un libro que, aun cuando repose en una visión del autor —a la que cabe atribuir no obstante el éxito de la reforma educativa portuguesa— es igualmente de aplicación en el caso español. Su estilo amable, sorprendentemente claro y sencillo de leer, hace que resulte asequible no solo para los docentes y los responsables políticos, sino también para las familias, cuya implicación en el éxito de los alumnos resulta crucial.

FRANCISCO LÓPEZ RUPÉREZ
Director de la Cátedra de Políticas Educativas de la UCJC
y director de la Colección Política educativa.

Introducción

Mis vacaciones de verano fueron fantásticas. Cartagena, Galápagos, Baños... Pasamos semanas viajando por otros paisajes y otras culturas. Toda una aventura. Y una aventura que terminó en Quito y Cuenca, donde me habían invitado a dar una serie de conferencias en las Universidades Andina y del Azuay.

Al llegar a Quito un sábado por la mañana y pasear por las bulliciosas calles de la capital de Ecuador, observé grandes colas de mujeres y hombres alineados por todo el centro. Como había ya perdido la vergüenza de parecer ignorante o entrometido, me dirigí a una joven: "Buenos días, perdón, ¿puede decirme qué pasa?".

Eran padres y familiares que compraban material escolar: "libros y útiles". Esperaban su turno. Y parecían contentos. La semana siguiente comenzaría el año escolar. Los compradores llegarían a casa con material nuevo para los jóvenes estudiantes. Abrirían sus cuadernos y sus libros. Para muchos, sería la primera vez. Estarían orgullosos de haber entrado en este nuevo mundo. Sentirán el papel, verán los colores. Quizás acariciarán los libros y cuadernos. Al menos los primeros días.

Es una escena que se repite en todo el mundo. Hace décadas, hace más de un siglo. Si se piensa bien, es un milagro de organización. La enseñanza se prepara mucho antes de que empiecen las clases. Tiene un programa. Y ese programa se establece en los libros de texto, que se imprimen antes de que empiecen las clases y que seguirán profesores y alumnos. Ahí está el esquema de todo, o de casi todo, lo que van a estudiar ese año. Ahí están los conocimientos en los que se basan. Página tras página, miles o millones de alumnos leerán las mismas frases, verán las mismas fórmulas, interpretarán las mismas imágenes. Son frases, fórmulas e imágenes que los profesores explicarán, guiando la lectura de los jóvenes. Es un milagro de organización.

Hay quien desdeña esta uniformidad. Pero es lo que permite a los jóvenes alumnos cambiar de escuela cuando lo necesitan y seguir estudiando en la misma línea. Es esta uniformidad la que les proporcionará una cultura común. Son estos libros de texto los que permiten reducir las posibles deficiencias de los profesores y constituyen una referencia fiable para los jóvenes.
La escena se repite cada año. Pero no siempre fue así. No siempre hubo libros de texto como ahora. Los libros no se generalizaron hasta que se introdujo la imprenta de tipos móviles.
Y pasaron siglos antes de que todos o casi todos los jóvenes pudieran tener un libro de texto propio.

* * *

Esta breve monografía se centra en esa maravilla cultural que es el libro de texto. Comienza mencionando algo de la historia de esta herramienta pedagógica, con el fin de distinguir entre simples libros de estudio y libros de texto en el sentido moderno. Desde el principio, estos últimos se han organizado con el objetivo de servir a fines curriculares, proporcionando una herramienta de estudio al servicio de profesores, alumnos y familias.

La primera parte de este libro completa la caracterización de los manuales escolares con una descripción de sus rasgos más comunes y sus funciones más importantes. Creo que ahora queda claro que estas herramientas pueden y deben desempeñar un papel muy importante en todo el sistema educativo. Los autores y editores de libros de texto tienen, por tanto, una gran responsabilidad para con su país.

En la segunda parte, el libro aborda principios pedagógicos generales, a saber, la importancia de construir conocimientos sobre conocimientos, de forma progresiva y sistemática; sin sobrevalorar el papel de los proyectos en la práctica docente ni sustituir conocimientos por competencias, sino construyendo competencias sobre conocimientos.

En la tercera parte, el libro explica principios pedagógicos básicos consolidados por las ciencias cognitivas modernas, en gran medida descubiertos y desarrollados en el siglo XXI. Destaca los principios que pueden conducir a un aprendizaje verdaderamente activo; y activo dónde debe ser activo, es decir, en la mente de los alumnos. De ahí se derivan reglas para la construcción de libros de texto, desde normas de redacción hasta reglas para bien combinar imágenes y texto.

Creo que toda esta parte prescriptiva puede ser muy útil, ya que he intentado sistematizarla de una forma bastante completa y que normalmente solo se encuentra en libros y artículos dispersos.

En la cuarta parte se exponen algunas críticas al sistema de libros de texto para, a continuación, proponer criterios de su evaluación y selección. Se explica cómo una política pública de evaluación y certificación de libros de texto puede contribuir a mejorar todo el sistema educativo y se refiere con cierto detalle la experiencia portuguesa. Por último, se analiza el uso adecuado de los libros de texto por parte de profesores y alumnos.

Esta monografía pretende ser útil a un amplio conjunto de lectores. Empezando por los responsables políticos, que pueden ser sensibles a la vasta experiencia de la literatura internacional sobre el currículo y su traducción en libros de texto. Los autores pueden reflexionar sobre sus procesos de construcción de los libros de texto, al entrar en contacto con una sistematización que pretende ser amplia, informada y útil. Los profesores pueden encontrar sugerencias sobre cómo hacer un buen uso de los libros de texto. Los estudiantes pueden animarse a estudiar mejor haciendo un buen uso de los recursos que se les ofrecen. Por último, los interesados en la teoría y la práctica pedagógicas pueden encontrar aquí referencias y sugerencias para su reflexión.

Profesor hace 40 años y autor de reflexiones pedagógicas hace 25, quisiera haber traducido en esta breve monografía una fascinación por los libros de texto que comenzó conmigo a los seis años. Fue cuando empecé a tener libros y me decía a mí mismo: ¡son míos!

NUNO CRATO

1. De los libros escolares al libro de texto

Lo que hoy llamamos libro de texto es un producto que se ha consolidado y ha evolucionado a lo largo de los últimos 150 años. Sigue cambiando, con adiciones y alternativas digitales. Ha evolucionado mucho para llegar al momento actual. Es un producto escolar, pero tardío.

La escuela, en su sentido genérico, se remonta a la Antigüedad. De Grecia, Roma, India y China nos llegan noticias de aquellos tiempos sobre la enseñanza de los jóvenes en torno a maestros en lugares concretos. Pero no fue hasta el siglo XVIII cuando empezó a implantarse la enseñanza obligatoria, primero en el norte de Europa y luego en el centro.

En el mundo occidental, los libros de texto, tal y como se entienden hoy en día, se desarrollaron sobre todo a finales del siglo XIX y principios del XX (véase, por ejemplo, Marsden 2001). Fue durante este periodo cuando la educación se generalizó, adquirió autonomía y se organizó como actividad social en el ámbito de las administraciones públicas. Se generalizaron las escuelas organizadas por grados, con aulas, actividades y espacios diferentes (*graded schools*, en inglés).

En Portugal y España, como en la mayoría de los países europeos, ha sido un proceso largo. Durante siglos, la educación se confió a la Iglesia. Los ricos contrataban preceptores para sus hijos. A menudo, estos preceptores eran sacerdotes que también oficiaban en casas nobles. Aquellos que se preocupaban por la educación de sus hijos, pero eran menos pudientes, recurrían a tutores, a veces en instalaciones parroquiales, a veces en casas particulares. Las órdenes religiosas más importantes tenían sus propias escuelas que iban más allá de la educación primaria. A menudo eran instituciones de enseñanza superior, con enseñanza e investigación actualizadas e intercambio de información científica.

En Portugal, todo cambió a mediados del siglo XVIII. Los jesuitas fueron expulsados y la Carta Pombalina de 28 de junio de 1759 creó el cargo de Director General de Estudios, una autoridad oficial que promovía y verificaba la aplicación de un plan de estudios, incluyendo directrices sobre los métodos de enseñanza. "Por primera vez en la historia de nuestra educación, existía una organización subordinada al poder gobernante que supervisaba los servicios de enseñanza primaria y secundaria" (Carvalho, 1986, p. 431). En este sentido, puede decirse que comenzó entonces en Portugal la enseñanza centralizada.

Centralizado no significa generalizado. Pero con estos cambios, el país empieza a tener un esbozo de plan de estudios nacional y una selección de obras de referencia.

En España, tras la expulsión de los jesuitas en 1767, se fundaron los Reales Estudios de San Isidro en Madrid, dedicados a la enseñanza secundaria. En la enseñanza primaria, la vacante de los jesuitas comenzó a cubrirse con escuelas públicas que enseñaban Primeras Letras, Latín y Retórica. Medio siglo después, la Constitución de 1812 dispuso el establecimiento de escuelas primarias en toda España. Encargaba a las Cortes la promulgación de planes generales de estudio y encomendaba al Gobierno la dirección e inspección de la enseñanza pública a través de una dirección general.

En este contexto de progresiva responsabilización estatal, los tratados eruditos que servían de apoyo a los profesores —como las gramáticas latinas— o las referencias religiosas —como la Biblia y los libros interpretativos de la doctrina— empezaron a ser sustituidos por libros organizados en torno a materias y etapas de enseñanza. Los libros de apoyo o referencia, que existen desde tiempos inmemoriales y se multiplican con la invención de la imprenta de tipos móviles, y que eran, en el mejor de los casos, libros escolares de apoyo en bibliotecas o en manos de familias económicamente acomodadas, son progresivamente sustituidos por libros producidos en serie y destinados al uso individual (Stray, 1994). El libro de texto se convierte en una "mercancía cultural" (Marsden 2001, p. 7) o, como escribió Magalhães (2006, p. 7): "El libro de texto tiene una materialidad. Espécimen y producto autoral, editorial y comercial, el libro de texto escolar es una mercancía y un producto industrializado y comercializado".

En algunas historiografías, sin embargo, cualquier forma de registro escrito y de transmisión de conocimientos se considera un libro de texto. En una importante obra de referencia francesa, por ejemplo, se considera que "en forma manuscrita, luego impresa, el libro de texto es tan antiguo como la propia escuela" (Priouret, 1981, p. 187).

Es cierto que hay una lenta evolución de las tradiciones y que las obras anteriores favorables al estudio ya tenían funciones muy diversas: ilustración de personas cultas, comunicación científica, apoyo al estudio práctico e incluso prácticas recreativas. En Portugal y España hay varios ejemplos de este tipo, sobre todo a partir de los siglos XV y XVI, cuando la actividad mercantil se hizo más intensa. Aparecieron libros de apoyo al cálculo comercial, como el famoso Tratado *Practica d'arismetyca* de Gaspar Nicolas (1519). También aparecieron varios libros impresos para apoyar directa o indirectamente la navegación: tablas astronómicas, almanaques y ediciones anotadas de tratados astronómicos, de los que el famoso *Tratado da Esfera* de Pedro Nunes (1537) es un buen ejemplo. Lo mismo ocurrió en España, con la *Suma de Geografía* de Martín Fernández de Enciso (Sevilla, 1519), el *Arte de Navegar* de Pedro de Medina (Valladolid, 1545) y muchos otros.

Se podría decir que estos libros eran textos de estudio, precursores de los libros de texto modernos. Ya se leían y estudiaban, servían de apoyo o guía para los cursos, servían de referencias cultas. Pero su posesión no estaba muy extendida entre los estudiantes. Y no eran materiales pensados para ser trabajados a diario por los jóvenes.

En las tradiciones historiográficas más comunes, se distingue entre libros utilizados para el estudio y *libros de texto* o *manuales* en el sentido moderno (Magalhães 2011, p. 17), siendo estos últimos, como indica la etimología, *manipulados*, es decir, utilizados por los estudiantes como herramientas de trabajo diario.

En Inglaterra, esta distinción corresponde a la diferenciación entre el libro escolar, *schoolbook*, y el libro de texto, *textbook*. El primero se generalizó a mediados del siglo XVIII, el segundo a partir de la década de 1830 (Stray 1994). Como explica Sammler (2018, p. 16), "El concepto cambió en el transcurso del siglo XIX, pasando de referirse a un libro utilizado en las escuelas (entre otros lugares) a un medio educativo producido explícitamente para la educación escolar." Y de nuevo: "El desarrollo de los sistemas educativos nacionales en el siglo XIX condujo a la creación de planes de estudios vinculantes. A partir de ese momento, los libros de texto se escribieron de acuerdo con estos currículos nacionales" (p. 17).

Figura 1.1. *Portadas de algunos libros famosos del siglo XVI. Se trataba de obras de consulta, estudio y enseñanza. En cierto sentido, podría decirse que eran libros escolares, pero aún no libros de texto.*

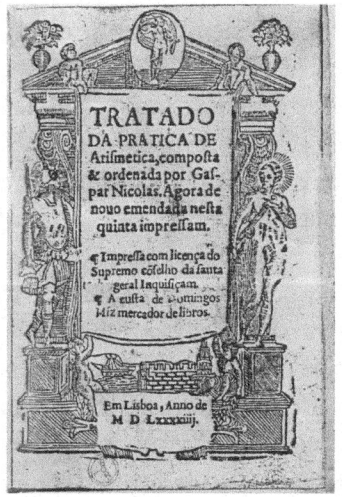
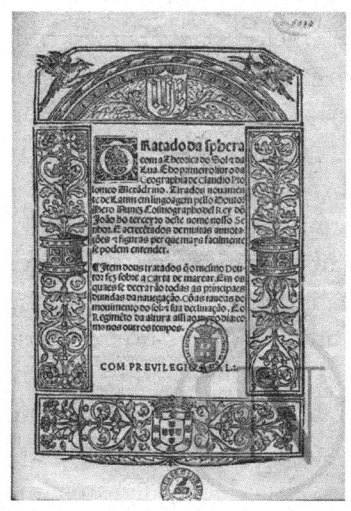

Algo parecido ocurrió en la Península ibérica. El *libro de texto se* desarrolló paralelamente al sistema escolar oficial. El *manual escolar* o *libro de texto* en sentido moderno se desarrolló más tarde, paralelamente a los nuevos sistemas escolares liberales.

Como explica Magalhães (2006, p. 13), en la "fase final del Antiguo Régimen, bajo la primacía de la Ilustración, la escuela y el libro de texto se superponían, situación que cambió durante el siglo XIX, a medida que el sistema escolar se fue estructurando". Fue en el siglo XIX, cuando los manuales escolares constituyeron "una estructuración básica del razonamiento" (p. 13), es decir, se convirtieron en manuales escolares en el sentido moderno.

En la posguerra, es decir, a mediados del siglo XX, se generalizó el uso de los libros de texto y su aceptación en los círculos educativos occidentales.

2. ¿Qué es un libro de texto?

Un *libro de texto* o *manual escolar* —términos que trato como sinónimos— es, ante todo, un libro. Puede ser impreso o digital, pero es un libro. En otras palabras, es una obra bien definida, una pieza que tiene una vida independiente. No es un panfleto, un folleto o una colección de páginas impresas. Tiene principio, nudo y fin. Tiene un objetivo claro, expresado ya en la portada y las primeras páginas, y continuado a lo largo del texto.

Todo esto puede parecer obvio, pero merece la pena enunciarlo y caracterizarlo, porque este primer atributo de un libro de texto lo distingue de otros elementos de apoyo, como las colecciones de ejercicios o las selecciones de lecturas, por no hablar de las fotocopias dispersas o las piezas digitales sueltas que se distribuyen a los alumnos.

Finalmente, ¿cómo podemos caracterizar un libro de texto?

UNA CARACTERIZACIÓN DEL LIBRO DE TEXTO

En primer lugar, *un libro de texto es un libro que cumple con una finalidad curricular.* El currículo en cuestión puede ser oficial, es decir, recomendado y escrito; puede interpretarse a partir de contenidos recomendados, o puede basarse en exámenes u otros tipos de evaluación (Glatthorn, 2000, p. 83 y ss. y Valverde et al., 2002, p. 5 y ss.).

Según algunos investigadores, los libros de texto "traducen la política en pedagogía", siendo "mediadores entre las intenciones de los autores del plan de estudios y los profesores" (Valverde et al., 2002, pp. 1-2).

En segundo lugar, *un libro de texto es un instrumento destinado a organizar el aprendizaje de los estudiantes en una secuencia de estudios*, ya sea de un semestre, de un año o de un ciclo de varios años[1] . Esto significa que no es solo un texto de apoyo, o una colección de referencias o lecturas. Tiene una estructura y una secuencia que sirven al aprendizaje de los alumnos en una determinada materia bien definida (Seguin, 1989, p. 18).

Un buen libro de texto no enumera los temas arbitrariamente. Desde el principio, el texto se dirige a un estudiante que leerá el libro, lo seguirá y lo utilizará a diario o casi a diario. No se limita a incluir lo que se considera indispensable. Está escrito de forma que ayude al lector a seguirlo y aprender de él.

Por poner un ejemplo, un libro de texto de matemáticas de educación secundaria que introduzca las funciones no se limitará a definirlas, sino que intentará introducir gradualmente ejemplos de correspondencias que no son funciones y de otras que sí lo son, desde las más elementales a las más complejas, dará ejemplos numéricos y presentará ejercicios para que los alumnos comprueben sus conocimientos y progresen. Un diccionario de matemáticas no hará esto; aportará una definición lo más rigurosa y completa posible, remitiendo naturalmente a otras entradas. Lo mismo podría decirse de una herramienta digital como Wikipedia, que presentaba la siguiente definición:

> Tomemos los conjuntos A, B, una relación $f: A \rightarrow B$ y el conjunto de pares ordenados $P=\{(a,b) \in A \times B; a$ se relaciona con b por $f\}$. Decimos que f es una función si, y sólo si, para todo $b_1 \neq b_2 \in B$ con $(a_1, b_1), (a_2, b_2) \in P$, tenemos $a_1 \neq a_2$

¿Acaso cualquier joven estudiante de secundaria avanzada, cuando las funciones deberían estudiarse con más rigor, entendería inmediatamente

---

[1] En los párrafos siguientes, me inspiro en una obra de referencia citada a menudo que considera cuatro elementos para caracterizar un libro de texto: (i) "una herramienta para organizar el aprendizaje del alumno" (ii) "debe tener en cuenta el grupo de edad del usuario, su nivel de desarrollo cognitivo, sus capacidades intelectuales, su nivel de conocimientos y experiencia previos, su entorno sociocultural y el propósito en el aprendizaje", (iii) "el libro de texto debe establecer un vínculo entre la vida cotidiana del alumno y sus objetivos educativos concretos y los conocimientos que adquirirá en la escuela", y (iv) "uno de los elementos del diseño y la creación de la situación didáctica" (Ivič et al., 2013, pp. 1-4).

una definición como esta? Imagino que incluso muchos lectores que hayan estudiado estos temas tropezarán con esta definición, aunque tengan una idea más o menos clara del concepto. Sin embargo, podrán entender fácilmente el concepto de "función" como una regla que hace que a cada elemento de un conjunto de partida le corresponda uno y solo uno elemento de un conjunto de llegada. Un buen libro de texto de primaria suele dar una idea intuitiva, luego se trabaja sobre ella y se pasa a la definición formal.

Del mismo modo, sería extraño que un libro de texto de primaria, al hablar de la poesía lírica, comenzara con definiciones formales de lo que es una estrofa, un verso, un estribillo, un esquema rítmico... Naturalmente, comenzará con ejemplos, ejemplos de contraste, que lleven a los alumnos a reconocer progresivamente estos conceptos.

Por supuesto, las definiciones y la progresión dependen del nivel escolar, de donde procede *el tercer rasgo* distintivo de un libro de texto: tiene en cuenta *el grupo de edad al que va dirigido, los conocimientos y destrezas adquiridos y los que deben alcanzarse, así como el contexto social de los alumnos.*

Estas características son más o menos obvias, ya que los libros de texto están diseñados para distintos niveles escolares. Pero hay dos elementos importantes que destacar.

La consideración que el libro de texto debe tener por el nivel de los alumnos es una preocupación que debería extenderse a toda la enseñanza. Los conocimientos se organizan y edifican sobre la base de los conocimientos previos, como trataré de explicar más adelante.

También es importante ser prudente con la omnipresente preocupación por el contexto social de los alumnos. Esta preocupación no debe convertirse en un factor limitador de los objetivos pedagógicos. Evidentemente, el estudio de la historia debe hacer hincapié en la historia del país en cuestión. Nuestro país y nuestro pasado nos implican de tal manera que seríamos incapaces de reflexionar sobre el contexto en el que vivimos sin conocer nuestro pasado. También acepto que en determinadas regiones se haga más hincapié en unos temas que en otros: las mareas son especialmente importantes para las regiones costeras y la geología está especialmente presente en las montañas. Pero eso no significa que los jóvenes de las ciudades no deban estudiar la constitución de las rocas más comunes, o que los jóvenes del interior no deban conocer los datos esenciales sobre las mareas.

No podemos renunciar a la educación para todos. No podemos renunciar a valorizar una cultura común. Como explica muy bien el filósofo Gregorio Luri, "la degradación del conocimiento compartido debilita la cultura común" (Luri, 2022, p. 174).

Podría parecer innecesario insistir en estos puntos, pero en un momento de renovada fascinación por la multidisciplinariedad, la flexibilidad curricular y las competencias aplicadas, debemos insistir siempre en la importancia de un currículo común y en el derecho a la educación general de nuestros jóvenes[2].

El *cuarto rasgo* distintivo de un libro de texto es que *sirve de apoyo a la práctica docente en el aula.*

Por poner un ejemplo, el libro de texto podría incluir instrucciones para construir un reloj de sol. Al mostrar cómo construir uno de estos aparatos, el libro de texto puede animar a los alumnos a medir ángulos, introducir el concepto de división proporcional, los conceptos de latitud y longitud, los husos horarios y otros temas. Esta actividad sugerida y proporcionada por el manual apoya la relación directa profesor-alumno en el aprendizaje. Facilita la labor del profesor de matemáticas o de geografía, que encuentra en el libro de texto los elementos necesarios que se le comunican y explican.

Otro ejemplo muy común, pero no por ello menos importante, es la lectura colectiva de textos en manuales de idiomas, o el debate guiado por preguntas sugeridas en el manual. Aún otro ejemplo podría ser, en estudios sociales, ver vídeos cortos de episodios históricos o, al aprender una lengua extranjera, escuchar grabaciones que muestren diversas pronunciaciones del idioma que se está aprendiendo. Todo esto puede sugerirlo un buen libro de texto, en lugar de cargar al profesor con la tarea de buscar este tipo de elementos.

---

[2] Ya he tenido ocasión de mostrar cómo algunos escritos de influyentes académicos portugueses de la educación han defendido puntos de vista absurdos y oscurantistas a este respecto (Crato, 2006, pp. 29-35). Moreno Castillo (2006), entre otros, publicó criticas similares reportándose a España.

UNA PARAFERNALIA DE INSTRUMENTOS

Los manuales suelen ir acompañados de elementos auxiliares. Hay cuadernos de ejercicios, libros de lectura complementaria, libros interpretativos, guías de estudio y recursos digitales (antes CD o DVD, ahora elementos accesibles en la nube, con acceso restringido o gratuito). También hay elementos de apoyo para los profesores. Hay una versión del manual para el profesor, y sugerencias para pruebas y tareas. En este libro, solo llamo "libro de texto" o "manual" al que es central en la organización del estudio. Los textos complementarios son textos complementarios. Y puede haber muchos...

Esta parafernalia de recursos es objeto de numerosas críticas. La primera objeción es *económica*. Se acusa a editores y autores de multiplicar los materiales para aumentar sus beneficios. El problema es aún más grave cuando hay poca competencia. En buena parte del mundo, las distintas editoriales están controladas por dos o tres grupos económicos. En algunos países, existe, en la práctica, un duopolio u oligopolio, aunque organizadas formalmente en diferentes editoriales que siguen sobreviviendo. Esto significa que muchas decisiones las toman unos pocos.

Una segunda línea de crítica que se hace a esta multiplicación de elementos auxiliares es *su exageración o inutilidad*. En esencia, se trata de una crítica a la irracionalidad provocada sea por intereses económicos, sea por el descuido de autores o de editores. En algunos casos, la crítica tiene fundamento, y la multiplicidad de recursos en un determinado libro de texto puede tener efectos negativos en la comprensión de los temas centrales por parte del alumno (Daley & Rawson, 2020). Pero esto no tiene por qué ser necesariamente así.

La tercera línea de crítica apunta a la *multiplicación de elementos de apoyo* como una limitación de la actividad docente y estudiantil. Según algunos, los profesores son los que tienen que elegir cómo enseñar, y los elementos de apoyo que les indican cómo hacerlo están limitando o incluso coartando su libertad. Según otros, los elementos complementarios a los libros de texto, como los apuntes de lectura, llevan a los alumnos a estudiar una simplificación extrema de las materias, favoreciendo la memorización frente a la comprensión. Los libros de texto modernos incluyen mucho material complementario, de modo que todos los elementos de un curso escolar y una asignatura pueden llenar una caja considerable. Si bien es cierto que esto puede ocurrir, y a menudo ocurre, discrepo de estas líneas de pensamiento. Tendremos que volver sobre estos temas más adelante, cuando hablemos del buen uso de los libros de texto.

3. ¿Para qué sirve el libro de texto? Siete funciones de un libro de texto

Los buenos libros de texto son una larga argumentación, un despliegue coherente de conceptos. Ninguna serie de experiencias inconexas, por muy educativas e interesantes que sean, puede sustituir a esta cadena de ideas, que es lo que define la estructura profunda de una disciplina y lo que nos permite pensar de forma organizada sobre los problemas a los que nos enfrentamos.

EL LIBRO DE TEXTO COMO OPERACIONALIZACIÓN DEL CURRÍCULO

Un libro de texto es la plasmación de un plan de estudios en una exposición articulada, organizada y secuencial de los temas, de forma que pueda ser utilizado directamente por profesores y alumnos.

Esta operacionalización puede ser imperfecta y deficiente. Pero, en cierto sentido, se convierte en el plan de estudios. Siguiendo la terminología habitual (Glatthorn, 2000), el libro de texto es, o debería ser, el elemento principal del llamado *currículo apoyado*, quiere decir, del currículo soportado por materiales, y proporciona una traducción del *currículo prescrito*, o currículo establecido oficialmente, al *currículo enseñado*, o aquel que en realidad se enseña[1].

En nuestros países, como en otros, el libro de texto es el texto que realmente conocen profesores, padres y alumnos. Las disposiciones oficiales sobre asignaturas, programas y objetivos curriculares son estu-

---

[1] Al final del libro, el *Glosario Crítico* (p. 131) completa estos y otros conceptos.

diadas por expertos, inspectores de educación, autores de manuales escolares y diseñadores de exámenes, pero son olvidadas por muchos otros agentes. Las encuestas TIMSS (véase el glosario) lo confirman a escala internacional (Schmidt et al., 2001, p. 74). En este sentido, aunque pueda ser criticado, el libro de texto *es* el currículo. De ahí su extrema importancia en el sistema educativo.

El plan de estudios debe ser ambicioso, estar bien estructurado y ser muy coherente (Almond, 2020). Pero en los países y casos en los que no es así, o en los que está disperso en varios documentos que carecen de cohesión, la importancia de los libros de texto se magnifica, como han demostrado algunas investigaciones.

La mala calidad de los libros de texto aumenta las consecuencias negativas de un plan de estudios deficiente en el aprendizaje de los alumnos. Es el caso, en particular, de los libros de texto inconexos, con elementos enciclopédicos o mal estructurados, explicaciones episódicas y propuestas de actividades desconectadas entre sí (Valverde et al., 2002, p. 171).

Los libros de texto de buena calidad, en cambio, ayudan a los profesores a seguir una estructura progresiva y coherente que facilita el aprendizaje de los alumnos. El abandono de los postulados favorables a currículos bien concebidos ha sido notoriamente el caso de Portugal en los últimos tiempos, tras la introducción en 2018 de los llamados "Aprendizajes esenciales" y la derogación de los currículos precisos. Y desde entonces, muchos profesores han señalado que los libros de texto se han convertido, en ese contexto, en una herramienta de apoyo para contrarrestar la dispersión y vaguedad de los planes de estudio. En el momento en que escribo estas líneas (abril de 2024), tengo la esperanza de que todo eso cambie en un futuro próximo.

Las diversas funciones que desempeñan los libros de texto extienden su influencia mucho más allá de una simple transcripción del plan de estudios. Los libros de texto presentan una secuencia expositiva que induce un flujo lógico. Esto es sumamente importante en materias como las matemáticas, que es una disciplina hipotético-deductiva, pero también lo es en materias tan diversas como la geología, la literatura o la filosofía.

En el caso de las *Matemáticas*, abundan los ejemplos de preguntas que solo tienen sentido si se conocen los axiomas y definiciones utilizados previamente (Crato, 2022, p. 51). Y eso es bueno. La alternativa sería convertir el estudio en una colección de temas o experimentos. Pero las matemáticas son una estructura. Si solo se desarrollan "experimentos matemáticos", sin un plan de estudios estructurado, se traslada a los alumnos la idea de que las matemáticas son una colección de hechos inconexos o de trucos dispersos. Esta no es forma de aprender matemáticas. En el mejor de los casos, los alumnos adquirirían así un conocimiento superficial de los conceptos matemáticos.

En el caso de otras disciplinas ocurre algo parecido.

En *Geología*, al estudiar las rocas de una determinada capa geológica, la caracterización de estas rocas debe haberse hecho previamente. Si no se ha hecho, hay que hacer un hueco para describir y clasificar los minerales y las rocas. Debe seguirse algún tipo de lógica (partiendo de los minerales hacia las rocas o de las rocas hacia los minerales), sobre todo si no se quiere que el alumno se limite a amontonar un conjunto desorganizado de definiciones y hechos.

En la *Literatura*, a menudo se comparan autores. Naturalmente, esta comparación depende de los autores estudiados previamente. Una vez más, la secuencia es importante. Un buen libro de texto tiene esto en cuenta y presenta a los autores por orden cronológico o agrupados por escuelas y características, según la lógica que adopte. Pero es importante elegir una lógica. Y es esta lógica la que naturalmente siguen los profesores, sacrificando sus preferencias personales en favor de que los alumnos asimilen bien los conceptos. De lo contrario, el estudio de la literatura se convertiría en una mera colección de lecturas y reflexiones. Sería difícil que se convirtiera en una disciplina.

En conclusión, los hechos descritos en un plan de estudios y que debe asimilar un alumno son importantes, pero más importante aún es cómo se relacionan entre sí. Como explica Wiliam, "los vínculos entre distintos conocimientos son importantes en sí mismos y como ayuda para la memoria a largo plazo". Por eso, lo decisivo para el futuro de un joven es "darse cuenta de cómo se enlazan los hechos" (Wiliam, 2018, p. 138).

En una frase que se ha hecho famosa, este autor explica: "Igual que un montón de ladrillos no es una casa, una simple colección de materiales de estudio no es un currículo" (p. 139). Trasladando esto al tema que estamos analizando, una colección de recursos educativos no traduce un plan de estudios de la forma en que lo hace un buen libro de texto.

Ciñéndose a estos principios, los libros de texto modernos pueden ir mucho más allá de lo que se idealizaba hasta hace unos años. Un libro de texto moderno puede tener enlaces a sitios web, a vídeos cuidadosamente seleccionados (véase Amalric, 2023), a pruebas electrónicas adaptativas que estimulen cada vez más al estudiante y, en cierto sentido, permitan un aprendizaje individualizado, o al menos al ritmo que sea posible para cada persona. En este sentido, un buen libro de texto puede ser una puerta al mundo.

EL LIBRO DE TEXTO COMO ESTRUCTURA DE ESTUDIO

Un libro de texto moderno ofrece mucho más que una exposición de los temas. Proporciona ejercicios, resúmenes o listas condensadas de los puntos clave de cada sección, propone actividades didácticas como experimentos, hace sugerencias de lectura, en definitiva, proporciona una hoja de ruta para aprender y estudiar. En otras palabras, "el libro de texto así entendido se convierte en un instrumento para organizar el aprendizaje del alumno" (Ivič et al., 2013, p. 46).

Un libro de texto moderno *está diseñado para que se trabaje con él*, no para dejarlo de lado como reserva o último recurso en vísperas de un examen. Se trabaja con él porque ofrece ejercicios que se basan en el material anterior y lo articulan.

En matemáticas, por ejemplo, un buen libro de texto ofrece ejercicios para repasar lo explicado y, si está bien hecho, obliga al alumno a volver atrás, repasar las definiciones y teoremas y utilizarlo para resolver los problemas. En otras palabras, el libro de texto de matemáticas induce al alumno a leerlo, a releerlo y a comprender los distintos temas.

En literatura, por poner otro ejemplo, ocurre lo mismo. Se reproduce un texto y las preguntas se centran en él. Lo ideal es que el libro de texto anime al alumno a volver a consultar capítulos y textos anteriores para poder responder a las nuevas preguntas y hacer las comparaciones necesarias.

En síntesis, y más allá de estos sencillos ejemplos, *un buen manual obliga a leerlo.* Y para aprovecharlo al máximo, hay que seguir su estructura.

Esto supone una gran responsabilidad para todos los que participan en la redacción de un libro de texto. El texto puede orientarse hacia una comprensión profunda de los temas o hacia la simple memorización. La comprensión profunda depende de la actividad cognitiva que se exija al alumno. Si solo se exponen hechos, el libro de texto exige memorización. Pero si se relacionan los conceptos y se reta a los alumnos, el libro de texto promueve un aprendizaje activo.

Una forma de hacerlo es organizar la secuencia de conceptos de manera que se apele explícitamente a la comprensión que, páginas antes, debería haberse alcanzado. Esto obliga a los alumnos a revisar su grado de comprensión de los temas anteriores. Y los ejercicios y preguntas deben introducir las llamadas "dificultades deseables" (Bjork & Bjork, 2014), es decir, deben ser retos progresivos para el alumno que le lleven a una actividad mental relacionada con la comprensión de los conceptos a solidificar. Más adelante hablaré del espaciamiento, la alternancia y otros tipos de técnicas de estudio que hacen uso de este principio.

Un ejemplo de estas dificultades deseables de introducir en las preguntas de un libro de texto son las llamadas "alternativas competitivas". En las preguntas de opción múltiple, esta idea es fácil de explicar. Cuando se pregunta, por ejemplo, cuál es el nombre de la diosa griega del amor (Afrodita), es mejor introducir como alternativas otras diosas, por ejemplo, Hera y Atenea, en lugar de introducir nombres más fáciles de rechazar (por ejemplo, Zeus o Neptuno) (Murphy et al., 2023, p. 89). Las alternativas no competitivas llevan al alumno a proceder por eliminación o adivinación. Las alternativas competitivas obligan al alumno a recordar cada una de las opciones antes de elegir la respuesta correcta. Esto no solo refuerza su recuerdo de la respuesta correcta, sino que también le obliga a repasar lo que sabe sobre cada una de las otras posibilidades.

Cuadro 1	
Formulación A	**Formulación B**
¿Quién fue el primer emperador romano?	*¿Quién fue el primer emperador romano?*
☐ Trajano	☐ Edison
☐ Constantino	☐ Octavio
☐ Octavio	☐ Alfonso XI

Nota. En las pruebas de elección múltiple, y en otras formas de evaluación o estudio, las *alternativas competitivas* ayudan a razonar y a repasar activamente hechos y conceptos. En este ejemplo la formulación A es preferible a la B, porque requiere recuperar conocimientos y no conduce a la respuesta correcta simplemente excluyendo partes.

EL MANUAL COMO ESTRUCTURA DE LECTURA

En los estudios literarios, los alumnos deben leer textos clásicos, utilizar gramáticas, diccionarios y otras referencias. En Matemáticas y Ciencias, también es esencial que los alumnos se acostumbren a consultar los libros de texto. Forma parte de su preparación aprender a leerlos y a utilizarlos para aclarar dudas y buscar novedades. Se puede afirmar, como explica Marsden (2001, p. 204), que los libros de texto "también deben considerarse como una introducción al mundo de la lectura inteligente".

Las ayudas al estudio favoritas de los estudiantes suelen ser los apuntes de clase. Esto es especialmente cierto en la enseñanza superior, donde los estudiantes utilizan apuntes o diapositivas de PowerPoint que les proporcionan sus profesores. Son, no obstante, *pésimas fuentes de estudio* porque contienen imprecisiones incontrolables. Son el producto de un proceso ruidoso en el que todos los implicados cometen errores. Más a menudo de lo que nos gustaría, el profesor anuncia x pero escribe y, cuando posiblemente estaba pensando en z. El alumno escribe w cuando ha oído x. Más tarde, cuando va a leer sus apuntes apresurados, lee v donde había escrito w.

No ocurre exactamente lo mismo con las diapositivas o las fotocopias. Pero sigue habiendo graves deficiencias (Willingham, 2023, Sugerencia 33). Sigue habiendo muchos errores y omisiones. Y lo que es más grave, la sabiduría que incluyen viene del cielo: es así porque es así. No hay discusión. Quien quiera profundizar en algo o confirmar una afirmación rara vez tiene alguna indicación de a dónde puede acudir. No suele haber referencias. No hay bibliografía.

Incluso cuando las fichas contienen fotocopias de buenos libros, no hay índices debidamente organizados, ni referencias bibliográficas, ni una vinculación global de las ideas. Solo con estos materiales, los alumnos se acostumbran a estudiar temas dispersos y a memorizar técnicas sin comprender su unidad.

En Literatura, esta práctica es igual de grave. Los alumnos que leen e intentan memorizar un resumen de un libro acaban desperdiciando una oportunidad de conocer la verdadera literatura. Los folletos o panfletos pueden ser útiles para identificar y comprender las ideas de una novela o un poema, para situar la obra en su época y entender sus referencias.

Pero no sustituyen la lectura de la obra. Leer estas ayudas e intentar memorizarlas es tedioso y representa una oportunidad perdida. Cualquiera que vea una ópera y lea el resumen del argumento sabe lo aburrido que es leer ese resumen y lo ridículo que sería sustituir la representación de la ópera por ese árido resumen. Es útil leer la sinopsis, pero es un sacrificio que solo se justifica por el placer de seguir mejor la ópera después.

Los resúmenes son resúmenes. Un buen manual tiene características que lo convierten en algo más que una simple lista de conocimientos.

Un buen manual es lo más *autosuficiente posible*:

- Las definiciones esenciales están contenidas en él y las referencias que permiten profundizar en los temas están presentes en la bibliografía.
- Los créditos están debidamente asignados.
- La secuencia de los temas es clara y la numeración y otras referencias están bien establecidas.
- Además, suele haber un buen índice analítico, que permite buscar rápidamente los temas esenciales. Y hay buenos ejercicios, que permiten comprobar la asimilación del tema, practicarlo y profundizar en él.

Por último, hay una cuidadosa corrección de pruebas, ya que el libro es examinado por varias personas, pasa por miles de lectores y sufre modificaciones a lo largo de sucesivas ediciones. Estos son los buenos manuales. Si nos fijamos en la gran cantidad de "libros" que hay en el mercado nacional, nos damos cuenta de que en realidad no son libros, sino hojas de papel encuadernadas. ¿Y qué decir de las diapositivas o archivos PDF distribuidos por colegas o profesores?

Los estudiantes de Matemáticas, Biología, Economía u otras áreas técnicas salen de la escuela semialfabetos si pasan todos sus estudios sin haber leído nunca un manual de referencia. No habrán adquirido la experiencia de leer un texto largo y complejo de forma independiente; es una habilidad que solo se adquiere con la práctica.

Leer no es tan fácil como oír o ver. Pero es más productivo aprender leyendo que aprender escuchando sin leer después.

Esos alumnos salen semianalfabetos también porque nunca han tenido la experiencia de buscar un resultado, de seguir un argumento por su cuenta en un diálogo interno con el libro, de buscar referencias y aclaraciones, de precisar el significado de las anotaciones, de pasar a referencias complementarias. Por extraño que parezca, hay alumnos que no saben utilizar los índices o buscar una referencia bibliográfica. A veces, no saben distinguir entre una cita de un libro y otra de un artículo de una revista científica.

López Rupérez destaca acertadamente la importancia de los libros de texto, subrayando que "ofrecen a los alumnos múltiples oportunidades de lectura e investigación autónoma, algo que no permite la multiplicación de fotocopias, expresión de un conocimiento fragmentado" (2020, p. 152).

Permítanme recordarles la extraordinaria frase de Marsden con la que comenzamos esta sección:

> **Los libros de texto son una iniciación al mundo de la lectura inteligente.**

EL MANUAL COMO ELEMENTO DE PREPARACIÓN DEL EXAMEN

La mayoría de los estudiantes se preparan para las pruebas de evaluación interna o externa utilizando exámenes de años anteriores, si tienen acceso a ellos, guías de preparación, apuntes personales o fotocopiados y libros de texto con los que han estudiado.

El libro de texto puede ser una mejor herramienta de estudio si existe una clara alineación entre el plan de estudios, los exámenes y el libro de texto. En estas condiciones, para muchos estudiantes el libro de texto es la mejor herramienta de preparación para pruebas formativas o sumativas, exámenes internos o externos y oposiciones.

Todo ello confiere a los autores de libros de texto una responsabilidad añadida. Si el libro de texto está estructurado en función de la asimilación y *retención de los* elementos esenciales del programa, será una herramienta útil para el futuro de los alumnos. Si, por el contrario, las explicaciones y los ejercicios se orientan puramente al *rendimiento inmediato* en los exámenes, el libro de texto incluirá elementos en parte negativos, en la medida en que promueve un conocimiento superficial de las materias, olvidando el futuro en aras de un rendimiento inmediato (V. Murphy, Little & Bjork, 2023).

En otras palabras, contrariamente a los críticos de la evaluación, que afirman promover una enseñanza estrecha y utilitarista, lo que carece de base empírica (Gomendio & Wert, 2023, p. 60), el alinear el currículo y la evaluación puede ser de gran ayuda en la formación de los estudiantes. En este sentido, un libro de texto utilizado como herramienta de preparación de exámenes puede ser un instrumento muy positivo. Pero para ello se necesita favorecer la *coherencia externa*, con el currículo, y la *coherencia interna*, con una estructura lógica que favorezca la comprensión en profundidad de los conceptos y de la materia.

EL MANUAL COMO REFERENCIA COMÚN

Ya hemos hablado del libro de texto como elemento de apoyo a la enseñanza en el aula, pero su alcance va más allá. El libro de texto se mueve entre el aula, el estudio individual, el estudio colectivo y el estudio acompañado, sobre todo por familiares y tutores.

Como dijo Choppin (1991, p. 123), "el libro de texto asegura el vínculo entre la escuela y la familia (...) sin los libros de texto, ¿cómo podrían saber los padres lo que hacen sus hijos en clase? ¿Y cómo podrían ayudarles?".

La gente a veces se sorprende cuando me piden que ayude a un joven que tiene una duda sobre un concepto o ejercicio matemático y yo le pido el libro de texto. Así que yo, profesor universitario, ¡no debería saberlo todo! Bueno, nadie lo sabe todo, pero ese no es el problema. A menudo necesitas ver la notación, la terminología, la secuencia de conceptos para que te sea útil. En otras palabras, necesitas un manual.

Mi profesor Howard Taylor, al que volveré más adelante, solía decir que el concepto más básico de probabilidad, la variable aleatoria, se presenta de forma diferente según el nivel de los alumnos. Si hablas con un alumno de primaria, no le valdría la idea de que "es una x que varía al azar". Si hablara con un universitario, le explicaría que "es una función (no aleatoria) de un espacio de eventos para R", y también podría explicarle que el conjunto tiene que ser medible, etc.

EL MANUAL COMO REFERENCIA FUTURA

En una época en la que Internet, Wikipedia y la Inteligencia Artificial ofrecen soluciones inmediatas a preguntas inmediatas, puede parecer que las referencias en libros, impresos o electrónicos, son cosa del pasado. Pero las referencias organizadas siguen siendo indispensables.

Si un alumno, años después de estudiar Matemáticas, quiere entender por qué estudió pares ordenados para luego definir funciones y por qué ahora define funciones como reglas de correspondencia uno a uno, y si tiene dudas sobre la equivalencia de ambos enfoques, entonces debe volver a su viejo libro de texto, repasar la exposición antigua y compararla con la nueva. Este diálogo es decisivo para una comprensión profunda de los conceptos que vaya más allá de una mera colección de definiciones.

Del mismo modo, si un alumno quiere volver sobre un poema que recuerda haber estudiado años después, ¿no debería tener a mano su libro de texto de Literatura?

Por estas razones, cabe preguntarse si los libros de texto deben destruirse o devolverse una vez utilizados. Se trata de una costumbre de muchos estudiantes, que consideran innecesario conservar su material de estudio una vez superada la etapa escolar en la que les resulta directamente útil. También es una práctica habitual desde hace años en muchos distritos escolares de Estados Unidos y varios países europeos, que distribuyen gratuitamente los libros de texto y exigen su devolución al final del curso escolar. Esta obligación de devolver los libros de texto es una norma que, al menos desde algunas referencias centrales, merece ser replanteada.

EL LIBRO DE TEXTO COMO APOYO AL PROFESOR

Esta finalidad del libro de texto subyace a todo el debate anterior que ha estado centrado en los alumnos. Pero lo cierto es que el libro de texto es un apoyo importante para el profesor. El libro de texto es un intermediario entre el plan de estudios y el profesor, porque le ayuda a organizar, solidificar, comprobar y consolidar sus propios conocimientos antes de transmitirlos a los alumnos. En momentos de cambio curricular eso es aún más importante (Schmidt & Houang, 2014).

¿Qué profesor puede dominar toda la materia, las definiciones, los hechos y los procedimientos sin la ayuda de un libro de texto? ¿Y qué profesor es capaz de proporcionar ejemplos adecuados para cada uno de los temas que desarrolla en clase?

Incluso los profesores más experimentados se benefician del apoyo de un buen libro de texto en estos dos aspectos: conocimientos y didáctica. Pero los profesores menos experimentados se beneficiarán aún más; sin un libro de texto u otra referencia no podrían desempeñar sus funciones.

Los libros de texto son tanto más importantes cuanto menos completos sean los conocimientos y la experiencia del profesor, y no deberíamos tener miedo de decirlo.

4. Aprendizaje significativo y enseñanza por descubrimiento

INTRODUCCIÓN

La educación es uno de esos ámbitos en los que las constantes pretensiones de innovación, la jerga y la circulación de conceptos imprecisos dificultan el debate de ideas y el saber de qué se está hablando. Nadie sabe hoy exactamente qué se quiere decir, por ejemplo, cuando alguien habla de "enseñanza centrada en el alumno", "aprendizaje activo", "aprendizaje por descubrimiento" o de otras expresiones tan extendidas en educación. Cada cual le da el significado que quiere, cuando quiere.

Una de esas expresiones de las que más se habla y a la vez más se malinterpreta es "aprendizaje significativo". Se trata de una idea que, en la mente de muchos, significa algo muy distinto de lo que denota el término técnico, si lo entendemos tal y como fue presentado por su creador y explicado y debatido por los investigadores que se han dedicado al tema.

A menudo, el "aprendizaje significativo" se considera un aprendizaje relevante para la vida real de los alumnos, es decir, que tiene que ver con la persona. En este sentido, aprender que el número π es un número irracional no sería significativo para la mayoría de los jóvenes. Para todas las aplicaciones prácticas, no es necesario conocer más que algunos decimales de este número. De hecho, la calculadora tiene en su memoria una aproximación del número π, que es más que suficiente para hacer los cálculos. ¿Qué importa, entonces, saber que este número puede ser representado por un decimal infinito no periódico? Eso solo interesaría a unos pocos. Solo sería significativo para unos pocos.

En este sentido, también, ¿qué importancia tendría saber que Julio César no fue un emperador romano, sino un militar y dictador, y que, años más tarde, fue su sobrino nieto quien se convirtió en el primer emperador romano? Entonces, si la escuela no renunciara a explicar estos hechos históricos, debería tratar de establecer un significado que los jóvenes sientan como propio. Quizá debería explicar cómo sufren los jóvenes la dictadura, hablar de dictaduras modernas o temas similares.

En mi caso, como llevaba años escribiendo crónicas y libros sobre divulgación de las Matemáticas y las Ciencias, y como aparecía en este papel en algunos programas de televisión, a menudo se me acercaban padres y profesores para pedirme sugerencias sobre cómo interesar a los jóvenes por las matemáticas. Algunos de ellos decían, refiriéndose a los jóvenes: "Las matemáticas no significan nada para ellos, no le ven ningún sentido". Otros decían: "Tenemos que hacer que la ciencia esté relacionada con su vida cotidiana, para que puedan ver el sentido de lo que aprenden".

Basta pensar un poco y reflexionar sobre la propia experiencia para darse cuenta de que hay mucho de idealista y poco realista en estas ideas. Peor aún, siguiendo al pie de la letra estas recomendaciones, no habría estructura en la enseñanza. La escuela se vería reducida a reflexionar sobre las experiencias necesariamente limitadas de los alumnos.

La experiencia contradice estas ideas. Sabemos, por ejemplo, que a los jóvenes les gusta oír hablar de agujeros negros, galaxias lejanas y la posibilidad de vida en otros planetas. También sabemos que les gustan las películas de gladiadores y las fantasías sobre la guerra de Troya. ¿Existe acaso una relación directa entre estos conceptos y sus experiencias?

En la vida, la información se acumula y tarde o temprano resulta útil. Lo que aprendemos en la ciencia por simple curiosidad puede sernos útil más tarde en nuestro trabajo.

"¿Para qué sirve esto?" o "¿Qué tiene que ver esto con mi vida?" son preguntas desmoralizadoras y derrotistas. Por ahora, es inútil. Ya lo veremos en el futuro. A menudo, solo lo vemos en el futuro.

En un famoso discurso pronunciado en Stanford en 2005, Steve Jobs describió el efecto inesperado que tuvo su elección de la Caligrafía y la Tipografía, como asignatura optativa, cuando estaba terminando el bachillerato. Sin esta elección, explicó, no habría tenido las inquietudes estéticas que le llevaron a elegir fuentes con espacios proporcionales para las pantallas de ordenador. Si no hubiera pasado por este estudio, dijo Steve Jobs, los ordenadores habrían tardado mucho más en adquirir los gráficos elegantes y legibles que conocemos hoy. Y concluye: nunca sabemos para qué se va a utilizar el conocimiento. No lo sabemos hasta más tarde. No podemos saber cómo se conectarán los conceptos en el futuro, solo podemos ver cómo se conectaban mirando hacia atrás. Por eso tenemos que creer que lo que hemos aprendido se conectará en el futuro. Tenemos que creer en algo: en nuestras entrañas, en el destino, en la vida, en lo que sea.

En sus palabras exactas, literales, que tienen el sabor del original:

> Again, you can't connect the dots looking forward; you can only connect them looking backward. So, you have to trust that the dots will somehow connect in your future. You have to trust in something —your gut, destiny, life, karma, whatever.

¿QUÉ ES EL "APRENDIZAJE SIGNIFICATIVO"?

El concepto de aprendizaje significativo se debe a un investigador estadounidense en psicología de la educación que, en 1963, propuso esta expresión y desarrolló las ideas esenciales sobre ella. Se llamaba David P. Ausubel. Nació en Nueva York en 1918 y murió en la misma ciudad en 2008. Pocos investigadores han visto sus teorías tan tergiversadas como él.

Algunos dicen que Ausubel defendía el aprendizaje por descubrimiento, porque solo así sería significativo. Otros dicen que Ausubel defendía el aprendizaje significativo como una forma de conocerse a sí mismo y de interactuar con los demás. Otros sostienen que el aprendizaje significativo es el que se relaciona con las experiencias sociales del alumno.

Basta con hacer una búsqueda en Internet para ver que estas ideas se atribuyen comúnmente a Ausubel. Me perdonarán que no cite estas tergiversaciones y ahorre tiempo al lector. Es mejor citar directamente al psicólogo estadounidense, concretamente su libro original *The Psychology of Meaningful Verbal Learning* (Ausubel, 1963).

En esta obra y en la introducción a su análisis, Ausubel comienza describiendo las polémicas pedagógicas de la época, afirmando que en los debates de las "tres últimas décadas" se hacía hincapié en la enseñanza por proyectos, las experiencias manipulativas, el descubrimiento y la resolución de problemas (p. 15).

Sí, lector, has leído bien: esos temas que hoy se consideran tan modernos e innovadores ya se trataban en las "tres últimas décadas" de un libro publicado en 1963. Estamos hablando, por tanto, de los años treinta a los sesenta. Cuando hoy hablamos de "innovaciones" como la enseñanza por descubrimiento o la enseñanza basada en proyectos, estamos hablando de antigüedades[1].

Ausubel distingue a continuación entre "aprendizaje por recepción" y "aprendizaje por descubrimiento". En el primero, "el contenido de lo que hay que aprender se presenta al alumno en su forma final", y este se limita a "interiorizar la materia". En el segundo, "el contenido principal de lo que hay que aprender no se ofrece, sino que debe ser descubierto de forma independiente por el alumno antes de interiorizarlo" (p. 16).

Ausubel reconoce que:

> El aprendizaje receptivo y el aprendizaje por descubrimiento no sólo son básicamente diferentes en la esencia de su naturaleza y proceso, sino que también difieren con respecto a su papel en el desarrollo intelectual y el funcionamiento cognitivo. Esencialmente, los grandes conjuntos de materias se adquieren mediante el aprendizaje receptivo, y los problemas de la vida cotidiana se resuelven mediante el aprendizaje por descubrimiento (p. 17).

En otras palabras, según Ausubel, cuando estudiamos algo más profundo y extenso, lo hacemos asimilando estructuras de pensamiento y conceptos que nos han sido transmitidos. En cambio, cuando nos enfrentamos a retos cotidianos, procedemos por ensayo y error, descubriendo soluciones.

Y esto no es difícil de creer. Si queremos entender grandes movimientos sociales, como las causas de la decadencia y caída del Imperio Romano, o conceptos de Física como el movimiento, la aceleración, los

---

[1] En Fernández y Ferrández (2024) se encuentra una buena descripción histórica y una crítica muy actual.

vectores y las fuerzas, o temas de Matemáticas como las estructuras algebraicas o la lógica de los postulados y demostraciones geométricas, si queremos entender "cuerpos extensos" o estructuras de conceptos profundos relacionados entre ellos de forma compleja, esperamos a que alguien nos los enseñe o los aprendemos mediante lecturas y conversaciones estructuradas. No podemos esperar descubrir por nosotros mismos lo que la humanidad tardó muchos siglos en descubrir y comprender. La forma que encontró la civilización para aprender estas estructuras de pensamiento de forma más eficaz fue la enseñanza explícita y estructurada. Fue la escuela.

Si, por el contrario, queremos enfrentarnos a diario a situaciones nuevas, avanzamos por ensayo y error. Si tenemos que cruzar una carretera desconocida, buscamos un paso de peatones, o una parte más segura de la vía, o un momento con menos tráfico. Si estamos probando un nuevo programa informático, no nos gusta leer el manual, preferimos probarlo y descubrir cómo funciona por nosotros mismos. En casos como estos, podemos hacerlo. Observando a los coches que pasan, descubrimos cómo cruzar la carretera y, trabajando con el programa informático, dominamos la herramienta.

En estos ejemplos, hay una reacción inmediata de la realidad: o los coches pasan o se detienen, o descubrimos un paso de peatones o no lo descubrimos, o el ordenador se detiene o avanza, según lo previsto en el nuevo programa que estamos probando. Pero no es el caso, por ejemplo, de una teoría física compleja, que tardó siglos en construirse y probarse, que dio lugar a largos debates y repetidos experimentos, que es difícil de construir e interpretar e incluso controvertida. Es imposible que la descubramos por nuestra cuenta.

¿EL APRENDIZAJE POR DESCUBRIMIENTO ES MÁS ACTIVO?

Al contraponer la enseñanza receptiva a la enseñanza por descubrimiento, Ausubel no hace más que aclarar los conceptos. Pero muchos estudiantes de Psicología de la Educación han oído ideas diferentes y lo que hemos citado debe sorprender. Sorpréndanse más:

> Las conclusiones descubiertas mediante métodos de resolución de problemas rara vez son significativas y carecen de valor para incorporarlas al conocimiento de la materia por parte de los estudiantes. En cualquier

caso, las técnicas de descubrimiento difícilmente son el medio principal de transmitir la materia de una disciplina académica (Ausubel 1963, p. 17).

Todo esto me parece sensato y lógico, pero sorprenderá a quien nunca haya leído los originales y siempre haya oído lo contrario.

Ausubel también es conocido por distinguir entre aprendizaje memorístico y aprendizaje significativo:

- El *aprendizaje memorístico* o mecánico es el que se limita a memorizar hechos o conceptos para poder reproducirlos sin atribuirles ningún significado especial.

- El *aprendizaje significativo*, al contrario, se produce cuando el alumno relaciona los nuevos conceptos con otros que conoce, integrándolos en esquemas de pensamiento.

En realidad, como también explica Ausubel, el aprendizaje significativo requiere que el material sea en sí mismo significativo, en el sentido de que esté integrado en una estructura de significados y conceptos, y también que el alumno disponga de un conjunto de aprendizaje capaz de integrar o comprender el significado de lo aprendido.

Así, por ejemplo, una lista de números elegidos al azar no tiene ninguna estructura significativa y, por tanto, hay que memorizarla mecánicamente. Esto es difícil y normalmente solo se consigue mediante la repetición. Por eso a menudo construimos mnemotecnias para intentar dar un sentido, aunque sea arbitrario, a la lista en cuestión, porque el aprendizaje mecánico es difícil.

El aprendizaje significativo, por otra parte, requiere no solo la existencia de *material potencialmente significativo*, sino también un *conjunto de conocimientos por parte del alumno*. También requiere esfuerzo, pero un esfuerzo de interpretación e integración.

Por poner un ejemplo, veamos la proposición "La suma de los ángulos internos de un polígono simple, como un triángulo o un rectángulo, es mayor o igual que 180 grados". Ante esta afirmación, un alumno puede limitarse a memorizar la frase o puede intentar comprenderla.

Hay un significado con cierta complejidad en la proposición. Pero es casi inevitable que le diga algo a un estudiante, aunque tenga escasos conocimientos de geometría. Naturalmente, saben lo que son los ángulos;

naturalmente, tienen la idea de que 180 grados es la medida de un ángulo llano, o algo que les recuerda a la mitad de un círculo; naturalmente, saben lo que son un triángulo y un rectángulo, e intuyen lo que es un polígono, y así sucesivamente. En otras palabras, aunque renuncie a comprender el significado completo de esta proposición, el alumno le da algún significado, aunque sea incompleto. Esto significa que el aprendizaje puramente mecánico, la memorización pura, es poco frecuente.

Es más, si el alumno tiene los más mínimos conocimientos de geometría, recordará haber demostrado que la suma de los ángulos internos de un triángulo es 180 grados y verá fácilmente que la suma de los ángulos internos de un rectángulo es 360 grados.

Incluso sin saber más, este alumno dará sentido a la proposición. Puede que no entienda exactamente por qué hablamos de ángulos internos y no solo de ángulos; puede que no entienda exactamente qué es un polígono simple, pero dará algún significado a la proposición. Y cuanto mayor sea su conocimiento previo, su "corpus de conocimientos", como decía Ausubel, mayor será el significado que darán a esta afirmación y más fácil les resultará interiorizarla, es decir, apropiarse de este conocimiento.

Si el alumno tiene curiosidad —y suficientes conocimientos previos— puede intentar descubrir la relación entre la suma de los ángulos y el número de lados del polígono. Intuirá fácilmente la fórmula que relaciona el número de lados, n, con la suma de los ángulos: $(n - 2) \times 180$ grados... y así sucesivamente.

En otras palabras, cuanto más ricos sean los conocimientos previos del alumno, más rico será el significado que pueda extraer de la proposición que se le ha dado.

LA MEMORIA ES UN RECURSO DEMASIADO ÚTIL COMO PARA DESPERDICIARLO

Sin embargo, hay aprendizajes que no por ser mecánicos son menos útiles y que, si queremos hacerlos "significativos", desperdiciamos el poder de nuestra memoria y complicamos las cosas. Por ejemplo, ¿queremos "entender" el número de la calle en la que reside un familiar o basta con memorizarlo? ¿Queremos que la gente entienda por qué se dice de derecha a derecha y de izquierda a izquierda? ¿Y queremos que eso tenga sentido, o es más sencillo y lógico memorizar esa dicotomía?

Y hay hechos que, una vez memorizados, nos ayudan a comprender otros hechos. Memorizar la tabla de multiplicar no impide razonar y "dar sentido" a las reglas algebraicas. Al contrario.

Si un estudiante se enfrenta al siguiente ejemplo,

$$3 \times (5 + 2) = 3 \times 5 + 3 \times 2,$$

Puede comprobar fácilmente la propiedad distributiva de la multiplicación en relación con la suma si puede reducir automáticamente y sin esfuerzo la ecuación anterior a esta otra,

$$21 = 15 + 6$$

Aquí, y en innumerables ejemplos similares e incluso más avanzados, la memorización ayuda.

Como también dijo Ausubel, "el adiestramiento es una parte necesaria e indispensable del aprendizaje" (Ausubel y Robinson, 1971, p. 297). El rechazo imprudente del entrenamiento y la memorización tiene un gran coste para los jóvenes. Y la realidad es que cuando se consume mucha energía (memoria de trabajo) con cosas sencillas que deben memorizarse, es más difícil disponer de recursos mentales cognitivos para comprender la relación entre las cosas. En otras palabras, *la memorización puede ayudar a que el aprendizaje sea significativo.*

Sin embargo, como creo haber dejado claro más arriba, la memorización puramente mecánica es poco frecuente y existe un continuo entre el aprendizaje mecánico y el potencialmente significativo.

Tomemos, por ejemplo, un hecho muy estigmatizado por muchos de los llamados educadores modernos: el hecho de que antiguamente, en la escuela primaria, se memorizaban los nombres de los principales ríos. Se dice que se trata de una memorización mecánica. Bueno... Puramente mecánica no será, porque al hablar de ríos, los jóvenes deben tener la idea de las corrientes de agua, con caudales relevantes y longitudes notables. Tampoco será puramente mecánico, porque cuando recitas los nombres de los ríos de norte a sur, estás dando a las corrientes de agua una ubicación general. Y cuando visualices los ríos en un mapa, los estarás encajando en los accidentes geográficos del país.

Cuanto más se sabe de geografía y de historia, más importancia se da a los ríos, porque son el telón de fondo de hechos históricos, travesías, batallas, conquistas... y están relacionados con muchos hechos geográficos, montañas, precipitaciones, puentes, ciudades... Por otra parte, cuantos más ríos, montañas y llanuras un alumno conozca, mejor podrá comprender las estructuras geográficas, hidrográficas, geológicas y otras más complejas y, por tanto, más significativo podrá ser su aprendizaje. En otras palabras, *la memoria también ayuda a la comprensión.*

Conviene recordar que Ausubel no defendía el método del descubrimiento como forma de hacer que el aprendizaje fuera significativo.

> La distinción entre aprendizaje mecánico y significativo se confunde a menudo con la distinción entre recepción y descubrimiento. Pero tanto las técnicas [de enseñanza] expositivas como las de resolución de problemas pueden ser mecánicas o significativas dependiendo de las condiciones en las que tenga lugar el aprendizaje (Ausubel, 1963, p. 18).

Es más,

> (...) la exposición verbal significativa es en realidad el medio más eficaz de enseñar una materia y conduce a conocimientos más sólidos y menos triviales que cuando los alumnos son sus propios pedagogos (p. 12).

En otras palabras, lo importante es avanzar hacia una estructuración progresiva de los conocimientos de los alumnos. En palabras de Ausubel, hacerlos significativos. Para lograrlo, la enseñanza dirigida por el profesor es la forma más eficaz. Esta idea que Ausubel extrajo de su sagaz observación ha sido confirmada una y otra vez por los psicólogos de la educación modernos (Véase, por ejemplo, Willingham 2021, pp. 87-88) y por estudios internacionales a gran escala, en particular PISA (Véase, por ejemplo, Crato, 2021, pp. 14-17).

Esta es una de las grandes aportaciones de Ausubel a la psicología de la educación. Ausubel comprendió las formas y el poder del aprendizaje significativo.

Como explicó en un libro de texto universitario escrito más tarde en colaboración con un colega canadiense:

> El potencial del aprendizaje significativo puede apreciarse cuando se hace realidad su capacidad de adquisición y retención de grandes

conjuntos de materias y la capacidad de asimilar y retener argumentos complejos en una sola audición (Ausubel y Robinson, 1966).

El cerebro humano es especialmente hábil para descubrir patrones y encontrar estructuras. La no arbitrariedad de los conceptos y la sustancia de lo que describen nos hacen extraordinariamente eficaces a la hora de interiorizar estructuras ricas. La frase más famosa de Ausubel que resume estas ideas es la siguiente:

> *El factor más importante que influye en el aprendizaje es lo que el estudiante ya sabe. Téngalo en cuenta, y enseñe conforme a este principio. (Ausubel, 1963)*

ORGANIZADORES AVANZADOS

Un instrumento que facilita el aprendizaje son los llamados "organizadores avanzados" que introdujo Ausubel.

En un famoso estudio (Ausubel, 1960), el psicólogo estadounidense distribuyó entre estudiantes de Psicología un texto de 2.500 palabras sobre las propiedades del acero al carbono. Antes de leerlo, dio a todos los alumnos un pasaje introductorio. Para la mitad del grupo, el pasaje consistía en una descripción de los antecedentes históricos del tema. En la otra mitad, el pasaje introductorio daba información general que enmarcaba las ideas que desarrollaba el texto principal. Los alumnos que leyeron este último pasaje introductorio —un organizador avanzado— comprendieron mucho mejor el texto principal.

Esta experiencia se ha repetido una y otra vez. Y, hoy en día, se reconoce ampliamente el poder de los organizadores avanzados. Pueden ser breves esquemas orales dados por un profesor al principio de una lección, pueden ser breves párrafos introductorios a un capítulo, pueden ser una lista de temas presentados antes de ser desarrollados.

Lo que suele considerarse distintivo de un *organizador avanzado* es su mayor nivel de *generalidad, exhaustividad* y *abstracción* (Kirschner & Hendrick, 2020, p. 55), es decir, el organizador hace un *"zoom out"* que ayuda a comprender el *"zoom in"* que le sigue.

Llegados a este punto, quizá el lector esté empezando a cansarse de divagaciones y se pregunte a qué viene esta larga discusión. La respuesta es sencilla, y quizá un organizador avanzado habría sido más útil que esta explicación tardía... pero allá va,

> *Los libros de texto deben tener una estructura que les permita construir, progresivamente, conocimiento sobre conocimiento.*

Si el factor más importante para comprender y retener una materia son los conocimientos previos en los que puede enmarcarse, entonces los libros de texto deben construirse bloque sobre bloque, con una estructura lógica que facilite la comprensión, asimilación y retención progresivas de las materias. En otras palabras, la *lógica del libro de texto debe ser la lógica de la estructura del conocimiento*.

INTERMEZZO I

El "neumático pinchado" y la teoría de las competencias

En los años ochenta y noventa se hablaba mucho de competencias. El término procedía del mundo empresarial (Spencer & Spencer, 1993) y de la formación profesional (Hyland, 2014). Traducía las frecuentes quejas de los empresarios sobre la incapacidad de los recién licenciados para resolver problemas prácticos. Se decía que "el joven que viene de la escuela de formación profesional lo sabe todo sobre interruptores, pero no puede montar un circuito", y la idea se generalizó a toda la educación: "puede que sepa muchas Matemáticas, pero ¿de qué le sirve si no puede rellenar una hoja de Excel?". Algunos educadores empezaron a teorizar sobre estas ideas. Lo que faltaba era la capacidad de aplicarlas. Lo que hacía falta era desarrollar competencias.

Las ideas se exportaron a la teoría educativa. El sociólogo suizo Philippe Perrenoud (1944) popularizó la idea de las competencias en la educación. Algunos de sus libros han tenido una gran influencia en Portugal y España. Es curioso que una teoría empresarial utilitarista haya influido tanto en corrientes que pretenden ser de inspiración opuesta.

De seguro que hay algo útil y saludable en la raíz de estas ideas: complementar el conocimiento teórico con el conocimiento práctico procedimental y prestar atención a las aplicaciones del conocimiento. Son objetivos que nadie criticará. El problema surge cuando estas modestas ideas se transforman en una nueva teoría del aprendizaje escolar.

La teoría de las competencias hace de la capacidad de aplicación una categoría central y organizadora de toda la enseñanza. Las competencias serían el "conocimiento en acción", la habilidad procedimental, la única que vale la pena evaluar (Glaesser, 2019).

El ejemplo del "neumático pinchado" se hizo famoso en los círculos educativos. Se decía: "puedo saberlo todo sobre la teoría del cambio de un neumático pinchado, pero no me servirá de nada si no soy capaz de poner en práctica esos conocimientos y cambiar el neumático".

En este ejemplo podría preguntarse:

- ¿Qué significa "saber, pero no saber hacer"?
- ¿No se están confundiendo dos conceptos diferentes?
- ¿Saber cambiar un neumático es conocimiento?
- ¿Dominar el proceso es competencia?

Pero las críticas que hay que hacer a esta teoría no son terminológicas. Son de fondo.

Primera crítica:

Al erigir la categoría de competencias en directriz de toda la enseñanza, se disminuye el papel del conocimiento y de la transmisión de conocimientos, que es esencial en toda enseñanza.

Reflexionemos un momento. Si el conocimiento solo vale por su aplicación, ¿qué sentido tiene saber quién fue Julio César o qué escribió Fernando Pessoa? ¿Qué habilidades especiales se desarrollan con estos conocimientos? ¿Y qué sentido tiene saber dónde está la cordillera de los Andes? ¿No es más útil saber quién es el último "influencer"?

Segunda crítica

La enseñanza basada en competencias ha sustituido los objetivos claros, precisos y mensurables por otros aparentemente generosos, pero vagos y difíciles, si no imposibles, de medir. Esto dificulta la orientación y la evaluación del aprendizaje. Las competencias de "razonar sobre la red hidrográfica" o "interpretar críticamente un texto poético" son muy difíciles de traducir en objetivos de aprendizaje claros. En consecuencia, el seguimiento y la evaluación del aprendizaje son más difíciles, si no imposibles.

¿Y qué hay de malo en evaluar los conocimientos? ¿Qué hay de malo en preguntarse qué es una red hidrográfica o a qué corriente literaria pertenecían García Lorca o Pedro Salinas?

Tercera crítica:

La teoría de la centralidad de las competencias supone que el aprendizaje solo tiene sentido cuando se asocia a una práctica útil y contextualizada. Como tal, esta teoría pasa por alto la importancia de la abstracción, así como la adquisición de información, el desarrollo por separado de automatismos y la memorización.

Pensemos de nuevo. ¿Debería un aspirante a pianista empezar tocando sonatas o entrenando sus dedos con escalas y leyendo pentagramas con solfeo? Pero estas prácticas no tienen sentido, son repetitivas, son mecánicas. ¿Practicar escalas al piano desarrolla la capacidad de interpretación musical? Entonces es una práctica descontextualizada de su competencia. A repudiar...

Seguro que ha visto reportajes de futbolistas preparándose para un partido. ¿Lo hacen jugando un partido? No. Normalmente corren, aumentan su velocidad de carrera, chutan el balón repetidamente, practican balones de cabeza, es decir, repiten mecánicamente habilidades descontextualizadas.

En resumen, las competencias no deben presentarse como una categoría que presida todos los objetivos de aprendizaje, que deben desglosarse de manera clara conocimientos, posiblemente no asociados a ninguna capacidad de acción, y capacidades o destrezas procedimentales, a veces denominadas competencias. Los conocimientos y su adquisición tienen valor en sí mismos, independientemente de que se movilicen para una aplicación inmediata. Recordemos a Steve Jobs y su imagen: "conectamos los puntos más tarde".

Llegados a este punto, conviene aclarar un concepto erróneo.

El término "competencias" aparece a menudo en un sentido mucho más general. Parece abarcar conocimientos, habilidades y actitudes. Implica que todo es una competencia. Esta idea parece tener su origen (Glaesser, 2019) en una antigua definición de Messick (1984), en la que el término "competencia" se refiere a "lo que un individuo sabe y puede hacer en un área determinada, independientemente de cómo se adquieran los conocimientos y la capacidad necesarios, ya sea a través de la instrucción o la experiencia u otra cosa" (p. 217) o "lo que una persona sabe y puede hacer en circunstancias ideales" (p. 227).

La misma idea aparece en varias publicaciones, siguiendo una clasificación de la OCDE:

> Se entiende que las competencias engloban conocimientos, aptitudes, actitudes y valores (OCDE, 2005).

> Las competencias son los conocimientos, habilidades, capacidades y comportamientos que contribuyen al rendimiento individual y organizativo (NIH, 2023).

Si aceptamos esta clasificación difundida con frecuencia, pero no con coherencia, por la OCDE (2018), y explicada por López Rupérez (2020, pp. 47-48), entonces no tiene sentido contraponer las competencias a los conocimientos. Si lo son todo, si engloban conocimientos, habilidades y valores, ¿qué estamos diciendo cuando introducimos las competencias en la enseñanza? Sería lo mismo que introducir la enseñanza en la enseñanza. Toda la discusión anterior ya no tiene sentido.

Volvamos a la teoría de las competencias/habilidades como elementos diferenciados del conocimiento puro. Tras muchas críticas a la idea de que la competencia sustituiría al conocimiento como organizador de la enseñanza, surgió la teoría de que el conocimiento y la competencia son dos caras de la misma moneda y que no tiene sentido discutir ninguna dicotomía entre ellos. Este tipo de razonamiento, si tenemos la amabilidad de llamarlo así, es particularmente irritante. Es la práctica de eludir los dilemas y evitar la claridad. Si es así, entonces no hay prioridades.

Este argumento oculta la cuestión fundamental: ¿debemos tener una enseñanza orientada a las competencias, es decir, al desarrollo de habilidades para la acción, o debemos tener una enseñanza orientada al conocimiento?

No me cabe duda de que la enseñanza debe estar orientada principalmente sobre el conocimiento, de que debemos tener un plan de estudios basado en el conocimiento, un plan de estudios en el que la secuencia de las asignaturas esté guiada por la lógica del conocimiento.

Como siempre, es sensato evitar generalizaciones apresuradas. En algunos casos, las destrezas de aplicación son importantes: afinar un piano o conducir un coche. Pero en la enseñanza obligatoria, la que proporciona a los alumnos una educación general, lo que guía el currículo deben ser los conocimientos, no las destrezas.

Volvamos al "neumático pinchado".

Al estudiar Física, puedo poner este ejemplo y utilizarlo para hablar de la compresión de los gases, de la presión y su medida en pascales o bares, de la fuerza ejercida sobre una rueda, y de todo lo demás. Pero esa no puede ser la guía pedagógica. Cuando estudio Física, necesito hablar de sólidos, líquidos y gases, y quizá de plasmas, para caracterizar los estados de la materia. Tengo que hablar de fuerzas, presión y elasticidad. En otras palabras, necesito seguir una estructura lógica que integre los conocimientos entre sí y desarrolle las teorías y categorías físicas que hacen del estudio de esta asignatura un descubrimiento de coherencia.

Esto es tan obvio que me cuesta explicarlo. Pero cuando se da prioridad a las competencias se pone en tela de juicio la lógica del conocimiento.

En otras palabras, la secuencia de la enseñanza vendría dictada por la secuencia de las competencias. Después del pinchazo, podríamos hablar de la física de la cerveza, contextualizando los conceptos en torno a la habilidad de conseguir una caña bien preparada... ¿No aniquilaría esto el aprendizaje significativo, no convertiría la enseñanza en una colección de trucos y no destruiría la lógica del conocimiento?

Pero aún tenemos que seguir hablando de las "competencias del siglo XXI"... Sí, las competencias son competentes en crear confusión. Hay distintas versiones de las competencias del siglo XXI, pero todas son variantes de una idea intelectual de las competencias, la idea de las competencias generales abstractas. Solemos hablar de cuatro de estas competencias generales: *pensamiento crítico, comunicación, colaboración y creatividad.*

Intentaré resumirlo. Una crítica aparece, por ejemplo, en varios trabajos de Daisy Christodoulou, especialmente en su brillante *Seven Myths About Education* (Christodoulou, 2014), que ridiculiza la propia calificación de "siglo XXI". De hecho, se trata de ideas antiguas.

La apología de las competencias del siglo XXI suele ser más o menos la siguiente:

> El mundo ha cambiado, la información está ahora al alcance de todos. Los empleos también han cambiado y cambian a gran velocidad. No se sabe lo que los jóvenes deben saber en el futuro. Así que lo que se necesita no es la acumulación de conocimientos, sino el desarrollo de la innovación, la creatividad, la adaptabilidad y otras capacidades. Por eso, la educación ya no debe proporcionar información, sino desarrollar competencias de construcción del conocimiento y de aprendizaje permanente. Para ello, es necesario que los alumnos colaboren, que construyan su propio conocimiento a través de prácticas pedagógicas de descubrimiento colaborativo.

El lector se preguntará: ¿qué tiene esto de malo? Yo diré: nada y todo. Si tomamos cada frase por separado, estamos de acuerdo y en desacuerdo; "el mundo ha cambiado", por supuesto, y en el siglo XVII también cambió, ¿no? "La información es ahora accesible a todo el mundo", por supuesto, pero ¿en el pasado no había bibliotecas?

Entonces, ¿qué es lo que ha cambiado, solo la facilidad? Y así sucesivamente. Si juntamos las frases, se revelan las incongruencias y queda claro el carácter oscurantista y anticientífico de estas ideas.

Esencialmente, lo que se puede criticar es la idea de que, más importante que tener conocimientos es desarrollar competencias. Para ello, habría que prescindir de los hechos y desvalorizar así los conocimientos, cuando, al fin y al cabo, los conocimientos son la base de cualquiera de estas competencias. Porque, no se puede aprender a comunicar sin tener nada que decir, a colaborar sin tener objetivos concretos, a criticar sin saber lo que se critica...

En otras palabras, lo que es objetable es la idea de *sustituir los conocimientos* —con el pretexto de que evolucionan rápidamente— *por competencias*. Desde principios del siglo XX se sabe que las llamadas competencias generales no existen. El estudio que desencadenó una revolución científica en este ámbito fue el de Thorndike, psicólogo estadounidense que, a principios del siglo XX, se encargó de explorar las ventajas del estudio del latín para el desarrollo de la mente del alumno. Sus conclusiones fueron sorprendentes: el latín no ayudaba en matemáticas, ni en el estudio de la geografía, ni en el estudio de la gramática o la lengua inglesa.

Este tema —la llamada *transferencia de conocimientos y habilidades* de un área a otra— ha sido estudiado repetidamente por los psicólogos, y la conclusión es siempre la misma. Una transferencia que no sea inmediata es muy difícil, si no imposible. Por eso, intentar desarrollar habilidades generales es esencialmente una tarea poco gloriosa. Un jugador de ajedrez no es mejor que nadie a la hora de jugar a las damas, un médico no es mejor observando una planta que un poeta, un físico capaz de desentrañar la lógica oculta de la mecánica cuántica no es mejor detectando la lógica de una película que un observador normal. Se dice incluso que Niels Bohr, uno de los más grandes físicos del siglo XX y de todos los tiempos, solía ir al cine acompañado, porque le gustaba ver películas, pero le costaba entender su argumento...

La idea de que se puede desarrollar la capacidad crítica sin conocimientos es especialmente peligrosa. No se puede criticar lo que no se conoce. Un médico puede tener un agudo sentido crítico cuando se enfrenta al diagnóstico clínico de un colega, pero naturalmente será muy ingenuo si se le pide que escriba una crítica literaria. Se puede estar "en contra", ser rebelde por naturaleza, pero esta rebeldía es completamente hueca si no se basa en conocimientos específicos.

En otras palabras, las competencias generales no existen o son demasiado vagas. Los conocimientos y las competencias son principalmente específicos de cada campo concreto.

Razón de más para que los libros de texto se centren en el conocimiento, para que sigan la lógica de la estructura del conocimiento disciplinar.

5. No abandonemos los manuales

Un libro de texto es, como hemos visto, una parte esencial del sistema educativo. Idealmente, debería ser un traductor del currículo, una guía para los profesores y una herramienta de trabajo para los alumnos. Debe servir de referencia para las evaluaciones, tanto para los exámenes externos y las pruebas estandarizadas, como para la evaluación que practican los profesores en sus clases.

Cuanto mejor estructurados y más claros estén los programas y los objetivos de aprendizaje, más fácil será establecer esta alineación general entre objetivos, libros de texto y evaluación.

Pero en algunos países y regiones, el currículo general no está claro, solo existen unas bases curriculares comunes, y luego corresponde a los libros de texto o a los profesores concretar este currículo.

En algunos países se ha reaccionado de la peor manera posible ante la vaguedad de los planes de estudio: se rechazan los libros de texto y solo se adoptan los materiales preparados por el profesor. A veces esto no ocurre como último recurso, sino como opción. Los inconvenientes son evidentes: los profesores pierden el tiempo y preparan fotocopias y otros documentos dispersos que no pasan ningún examen y no apoyan el aprendizaje estructurado tanto como podrían. Es incluso absurdo que algunas escuelas gasten más dinero en fotocopias que en comprar libros de texto (Villani & Torossian, 2018, p. 55).

En países federados, como Brasil, y anglosajones, un poco como en España, y especialmente en los Estados Unidos, existe una gran libertad para que los estados, regiones y distritos escolares (*"Boards of Education*") definan el currículo. En estos casos, hay una actividad de concretización del currículo (Sealy, 2020), para lo cual existen guías y un amplio debate sobre la teoría y la práctica de la construcción curricular (ver, por ejemplo, Myatt, 2018). Allí, como las directrices nacionales son genéricas, los libros de texto adoptados, cuando los hay, son *el currículo*, pues es este elemento el que orienta los objetivos de estudio. Pero también hay casos en que los profesores se reúnen y construyen una alineación curricular con sus propios materiales o agrupando materiales dispersos.

La ausencia de un currículo general, del que los libros de texto son traductores, tiene la dudosa ventaja de permitir experiencias descentralizadas, pero presenta dramáticas desventajas en la medida en que diluye la calidad de la enseñanza y la evaluación. La desventaja es especialmente grave para los estudiantes de entornos más desfavorecidos, ya que hay una mayor tendencia a perseguir objetivos menos ambiciosos, tanto por parte de las escuelas (Geven et al., 2021) como de las familias (Calarco, 2014). Ahí es donde es más fuerte la perniciosa tendencia igualitarista tan bien criticada por el presidente de la Fundación Episteme:

> Si unos aprenden más Física que otros, y saber Física da ventajas desiguales sobre los que no la saben, entonces que nadie aprenda Física (Massó, 2021).

Con un plan de estudios más disperso y menos normalizado, también es más difícil disponer de una evaluación general eficaz y útil. En primer lugar, porque una evaluación normalizada eficaz para los centros y los alumnos presupone un plan de estudios común claro. En segundo lugar, porque la evaluación válida es difícil, requiere equipos especializados, tanto en las disciplinas como en las técnicas estadísticas de evaluación, que se han desarrollado mucho en las últimas décadas con la Teoría de Respuesta al Ítem (TRI), la cual requiere conocimientos avanzados de estadística matemática. La evaluación local difícilmente tiene la misma calidad.

Delegar la definición del plan de estudios en el profesor es habitual en la enseñanza universitaria, pero esta es naturalmente más avanzada y evoluciona más rápidamente, por lo que necesita mayor flexibilidad y variabilidad. La enseñanza universitaria no es lo mismo que la enseñanza nacional obligatoria, cuya función es proporcionar a los jóvenes conocimientos generales y bases formativas esencialmente comunes.

Pero también hay mucho que decir al respecto, y algunas enseñanzas universitarias retrocedieron mucho en las últimas décadas del siglo XX, para volver a evolucionar. A mediados del siglo XX, las Universidades se preocupaban por producir o utilizar libros de texto de calidad, sobre todo en las asignaturas troncales: se utilizaba "el Gladstone" para Física y Química, "el Rey Pastor" para Matemáticas Generales. También se utilizaban muchas fotocopias y apuntes dispersos, con todos los inconvenientes de esta práctica. El peso relativo de los libros de texto y las prácticas pedagógicas de la época merecen ser estudiadas.

En los años setenta y ochenta, con los cambios en los contenidos de los planes de estudios y la modernización de las asignaturas, se generalizó el uso de copias, apuntes fotocopiados y otros materiales dispersos. Fue la época dorada de las llamadas "hojas", al principio impresas con alcohol, esténcil u offset, luego fotocopiadas, reproducidas y vendidas en asociaciones de estudiantes. En Portugal, durante los últimos años del régimen de Salazar y Caetano, la reproducción de estas "hojas" era una demanda de las asociaciones estudiantiles, que desarrollaban así sus recursos de impresión y aumentaban sus fuentes de financiación.

Figura 5.1. *En Portugal, las "hojas" eran uno de los medios de estudio más utilizados. Escritas por profesores, ayudantes o alumnos, estaban a medio camino entre los apuntes dispersos de las clases y los libros de texto. Los textos se fotocopiaban y solían venir en fascículos. Algunos estudiantes encuadernaban después estos materiales de estudio*

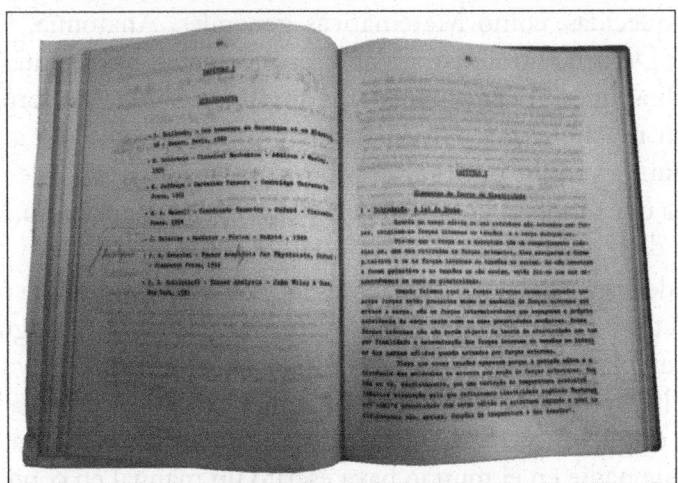

A finales del siglo XX y principios del actual, debido a la influencia de muchos jóvenes doctores que estudiaron en Inglaterra, Estados Unidos y otros países, el libro de texto universitario empezó a valorarse de nuevo.

En muchos casos, sin embargo, la adopción de libros de texto en la enseñanza universitaria es solo superficial. Se ha empezado a tomar conciencia de la importancia de contar con un plan curricular público y demostrable para la calidad de la enseñanza superior en cada institución. A menudo, los evaluadores nacionales y los certificadores internacionales valoran o exigen el compromiso establecido en los objetivos y el programa de cada asignatura y plasmado en el plan de estudios de cada materia.

Si repasamos algunos de estos documentos, nos damos cuenta rápidamente de que el libro de texto se anuncia, pero solo como referencia bibliográfica. De hecho, cuando se enumeran varios libros, a veces media docena o una docena, *no se utiliza ningún libro de texto*. Cuando la secuencia de las asignaturas no sigue explícitamente los capítulos de un libro, no se utiliza ningún libro de texto. Cuando no se siguen los ejercicios de un libro, aunque se complementen con otros solo si es absolutamente necesario, no se está animando a los alumnos a estudiar de ese libro, no se está siguiendo *ningún libro de texto*.

En la Universidad, sobre todo a nivel de posgrado, hay asignaturas centradas en la investigación reciente, y hay seminarios en los que no tiene sentido utilizar un libro de texto. Pero en asignaturas generales y bien establecidas, como Matemáticas generales, Anatomía, Finanzas públicas, Derecho administrativo, o Econometría, hay manuales muy bien hechos, que se benefician de una amplia experiencia internacional, que están mucho mejor estructurados y son más rigurosos que cualquier apunte que un profesor escriba para uso interno. Además, son manuales que amplían la experiencia del profesor y, por tanto, la de los alumnos de la asignatura.

Una de las excusas más frecuentes entre los profesores que no quieren someterse a un libro de texto es que no encuentran ningún texto que sea exactamente lo que quieren para su asignatura. Salvo excepciones, claro está, esto puede significar dos cosas: o inadecuación del temario, o ignorancia. Si se trata de una cátedra normalizada, ¿puede creerse que nadie en el mundo haya escrito un manual en condiciones?

En la era de Internet y Amazon, ¿no se puede encontrar ningún libro que beneficie a los estudiantes? ¿O sigue habiendo dificultades para leer en inglés? ¿Puede la Universidad moderna prescindir de la que ya es la lengua científica mundial?

INTERMEZZO II

El menú del restaurante y la librería de Oporto

Si, antes de entrar en un restaurante, pienso en lo que quiero para comer y hago una lista mental, puedo asegurarte, lector, que el restaurante no tiene exactamente lo que yo quiero. O no tiene el caldo verde que me apetece, o no tiene el rosbif con el acompañamiento que quiero, o no tiene la bebida que prefiero. E incluso en una larga carta de vinos, dudo que tenga Paço de Teixeiró, un vino no muy caro del que a veces disfruto como entrante.

¿Qué hago? ¿Dejo el restaurante y me voy a casa a cocinar, cosa que no sé hacer? ¿O me adapto y acabo gratamente sorprendido al descubrir que el pescado a la plancha estaba delicioso? La vida nos enseña a elegir entre lo que hay. Y esto, en muchas ocasiones diferentes.

Hace años, cuando iba a Oporto, me paseaba por las librerías de libros antiguos. Era una época en la que me interesaban especialmente los clásicos olvidados de la ciencia y los buscaba de librería en librería. Había dos o tres librerías famosas por las que siempre pasaba. Una vez, en la famosa *Académica*, en Mártires da Liberdade, pregunté por *Panegíricos y conferencias*, de Gomes Teixeira. El Sr. Canavez me miró resignado:

—"No lo tengo".

Me miró por segunda vez y dijo, menos resignado:

—"No lo tengo, sé que no lo tengo".

Permaneció unos instantes en silencio, algo que no creo que suela hacer, y luego añadió, casi teatralmente, con su estilo vigoroso y su fuerte acento norteño:

—"Nos pasamos la vida coleccionando libros antiguos; los guardamos, los buscamos, los compramos, los coleccionamos, coleccionamos más... y cada vez que viene un comprador preguntando, '¿tienes tal libro?', pues ese, ese no lo tenemos... ¡pero mira, a ver si hay algo parecido que te interese!".

Acabé saliendo de la *Académica* con un precioso libro de un historiador de la Ciencia de los Descubrimientos, el almirante Teixeira da Mota.

6. Principios cognitivos

INTRODUCCIÓN

Viéndolo desde fuera, es decir, incluso antes de profundizar en su contenido, un buen libro de texto tiene una serie de características ideales. Tiene un índice claro y organizado. Suele incluir un glosario o algo similar. Y algunas cosas más. En una primera mirada, hay aspectos que saltan inmediatamente a la vista (Seguin, 1989, pp. 9-11). El texto es demasiado denso o está mal etiquetado para navegar por los distintos capítulos, las imágenes son de mala calidad y las infografías resultan demasiado confusas. O, por el contrario, la secuencia de los capítulos es clara, el manual es fácilmente navegable y tiene una estructura coherente.

Los aspectos negativos de un manual son los más fáciles de detectar. Pero no hay que detenerse ahí. Hay que fijarse en la estructura, la secuencia y la corrección de los conceptos, aspectos que son menos fáciles de analizar.

Un libro de texto no es una novela. Y aunque algunos autores suelen ceder a la tentación de incluir algo de prosa o poesía no requerida, es un libro que debe ser sencillo, fácil de usar y rápido de consultar. Hay algunos principios generales de algunos estudios (véase, por ejemplo, Ivić, 2013), de Psicología de la Educación (véase, por ejemplo, Kirschner, Hendrick & Hill, 2022) y del Aprendizaje (véase, por ejemplo, Mayer, 2021) que pueden indicarse.

Un libro de texto es un instrumento de aprendizaje, es decir, un instrumento para cambiar el conocimiento del alumno (Mayer 2021, p. 31), un cambio que se debe a su experiencia en el aula, a las actividades que practica, a las interacciones que experimenta y al pensamiento que desarrolla.

Esta definición es ciertamente incompleta, pero sirve para lo que necesitamos: ¿cómo puede un libro de texto ayudar a cambiar el conocimiento de un alumno?

Los psicólogos catalogan el conocimiento en varias categorías, a saber, hechos, conceptos, procedimientos, estrategias y creencias (ídem, p. 32). Los hechos y conceptos se consideran conocimientos declarativos porque pueden reproducirse y transmitirse conscientemente; los procedimientos y estrategias constituyen conocimientos procedimentales, es decir, se hacen visibles en su aplicación, pero a menudo son difíciles de verbalizar y explicar en abstracto; por último, las creencias se consideran conocimientos actitudinales.

En situaciones más complejas, los alumnos movilizan todos estos tipos de aprendizaje. Y todos estos tipos de aprendizaje están presentes en la escuela, aunque los conocimientos declarativos y procedimentales suelen dominar la enseñanza y son predominantes en los libros de texto. Todos son importantes.

Por ejemplo, se critica a la llamada escuela tradicional por centrarse en hechos más que en conceptos, en procedimientos rutinarios más que en estrategias. Aunque estos vicios puedan existir, sería igualmente erróneo centrar la escuela en los conceptos, prescindiendo de la adquisición de conocimientos sobre los hechos, o centrarla en las estrategias, sin enseñar procedimientos. La cuestión no es exactamente el predominio de una práctica sobre otra, sino su secuencia, que debe ir de lo elemental a lo complejo, aunque con la preocupación de enmarcar lo elemental dentro del plan general (organizadores avanzados), y siguiendo un orden dictado por la secuencia de conceptos (conocimientos y no habilidades).

Por poner algunos ejemplos, se podría criticar a la llamada escuela tradicional por enseñar las tablas de multiplicar sin desarrollar el concepto de multiplicación y por enseñar a multiplicar polinomios sin hacer un paralelismo con la multiplicación de números. El error contrario, propagado por la impropiamente llamada "escuela moderna", es igual de grave. La tabla de multiplicar y la multiplicación aritmética ayudan a aplicar y desarrollar el concepto de multiplicación.

¿Cómo podríamos, por ejemplo, razonar sobre proporciones directas e inversas si los alumnos no son capaces de resolver ejemplos sencillos porque no conocen las operaciones aritméticas más básicas? ¿Cómo podría consolidarse el concepto de multiplicación si los alumnos no saben hacer sumas numéricas repetidas o las multiplicaciones necesarias para calcular áreas o para calcular porcentajes en rebajas?

Desgraciadamente, hoy en día tenemos alumnos que no saben comparar fracciones porque, para ellos, expresar 5/6 y 3/5 en fracciones equivalentes con el mismo denominador es un cálculo demasiado complejo. En realidad, la automaticidad de estas operaciones aritméticas es esencial para comprender las estrategias de comparación de fracciones; no se puede aprender a comparar fracciones en teoría, sin ejemplos numéricos y sin saber hacer los cálculos...

Intentar comprender conceptos matemáticos más profundos sin fluidez aritmética sería como intentar desarrollar estrategias de ajedrez sin conocer las reglas de cómo se mueven las piezas, o como pedirle a un futbolista que desarrolle estrategias de ataque en el campo sin saber cómo controlar el balón con los pies.

El mismo paralelismo puede establecerse con procedimientos y estrategias en áreas tan diversas como la lectura (Enkvist, 2022, p. 154) y las matemáticas. Una estrategia para resolver problemas numéricos en textos, conocidos como "problemas de palabras", consiste en empezar aislando las variables sin mirar sus valores. El profesor francés Michel Fayol ha realizado algunos experimentos con alumnos de los primeros cursos de la escuela y ha llegado a la conclusión de que esta estrategia les ayuda a resolver correctamente los problemas (Claracq, Fayol & Vilette, 2023).

Por poner un ejemplo, tomemos el siguiente problema:

Juan tenía cuatro manzanas y María tenía el doble que Juan. ¿Cuántas manzanas debe darle María a Juan para que ambos tengan el mismo número de manzanas?

La tentación para muchos niños es empezar calculando que María tiene ocho manzanas y luego intentar averiguar cuántas manzanas tiene que darle a Juan y cuántas se llevan cada uno. Seguir esta estrategia no es fácil para muchos niños, ya que se pierden en los cálculos: "Si María da dos, Juan recibe...". Una forma de ayudar a los más pequeños puede ser la siguiente: "La suma de las manzanas no cambia, así que para que los dos tengan el mismo número, cada uno debe tener la mitad del total". A partir de ahí, los cálculos son inmediatos: "El total es doce, María tiene ocho, la mitad seis, María tiene que dar la diferencia, es decir, dos".

Hay que tener en cuenta que, para un niño, este problema puede ser complejo si no tiene una idea del procedimiento a seguir. Y que este problema —que se plantea a menudo en la vida real— es mucho más difícil de resolver si el niño no se siente cómodo con las cuatro operaciones, es decir, si no tiene conocimientos aritméticos. Esto significa que el procedimiento se ve favorecido por los conocimientos declarativos de los hechos aritméticos (cuatro más ocho son doce, doce dividido por dos es seis...), que deben automatizarse, y el cálculo se ve favorecido por el procedimiento.

Además, la aplicación del procedimiento puede considerarse un ejemplo de una estrategia más general que debería enseñarse a los jóvenes (¡y a los menos jóvenes!) mediante la práctica repetida: "antes de hacer cuentas, piensa qué cantidades tienes que calcular y qué pasos tienes que dar".

Los profesores de Matemáticas, sea cual fuere el nivel en el que impartan clase, son muy conscientes de lo difícil que resulta inducir a los alumnos a aplicar este y otros procedimientos similares. En Matemáticas, y en otras áreas, la tentación de lanzarse al problema antes de pensar es muy grande. A este salto contribuyen los procedimientos incorrectos y las reglas artificiales erróneas que circulan entre los alumnos (Willingham, 2023, Sugerencia 41) y que ellos aplican a menudo: "si se trata de velocidades, se multiplica, si son medias, se añade y divide...".

Volviendo al debate sobre los libros de texto, todo esto significa que un texto equilibrado debe enseñar hechos, conceptos, procedimientos y estrategias. Paralelamente. Pero tiene que enseñarlos en una secuencia lógica y comprensible desde el índice y las primeras páginas hasta el final del texto.

PRINCIPIO DE SECUENCIACIÓN

Esta es la primera regla de cualquier libro de texto: seguir una secuencia que construya conceptos unos sobre otros, acumulando conocimientos y facilitando la reconstrucción de conceptos por parte de los alumnos, de modo que sus mentes estén activas a medida que avanzan en su aprendizaje. Según Ausubel, para que el aprendizaje sea significativo, los alumnos tienen que relacionar la nueva información con la anterior, integrarla y añadirla, y así ver un significado más profundo en lo que aprenden.

Pensemos en una simple cuestión física: ¿por qué aparece el arco iris? En un libro de divulgación, se puede proponer a los alumnos que hagan arco iris con una manguera de agua, manipulándola para que el agua salga lo más dispersa posible, en chorros de gotitas y dirigiendo el agua hasta que se empiece a ver un arco iris. Es divertido e instructivo. Puede despertar a los jóvenes para una comprensión más profunda de la óptica.

Pero en un libro de texto escolar, estas sugerencias de experimentos, o las fotografías de uno de un arco iris artificial, no deberían aparecer aisladas. Deben integrarse en una secuencia de conceptos. Hay que explicar que la luz se refracta dentro de las gotitas, pero para ello los alumnos tienen que saber qué es la refracción. Antes, por supuesto, habrán estudiado la reflexión de la luz y las leyes de la reflexión. Luego deben tener la idea de que la luz blanca incluye todos los colores del arco iris, que estos colores no son artificiales, sino la descomposición de la luz solar. Entonces se puede hablar un poco de Newton y su prisma, pero no tanto como para que la explicación se desvíe de lo básico. Luego hay que explicar que existen diferentes índices de refracción para la luz de diferentes colores. En otras palabras, hay una maraña de conceptos relacionados con el arco iris que los alumnos solo entienden cuando los relacionan. Hay varios vínculos posibles.

Es tarea del plan de estudios y del libro de texto elegir una secuencia que encaje los conceptos de tal manera que los alumnos adquieran un conocimiento de la física del arco iris que no sea superficial ni solo divertido.

Si has tenido la paciencia de leer el largo capítulo sobre el aprendizaje significativo, pensarás que todo esto es obvio. Y lo es.

RESPETO DE LA CARGA COGNITIVA

Según el experto galo Dylan Wiliam, si tuviéramos que seleccionar una sola idea de la psicología educativa como la más importante que debe conocer un profesor, esta sería la *teoría de la carga cognitiva* (Wiliam, 2017). El Australian Centre for Education Statistics and Evaluation (2017) tiene una explicación muy concisa y clara que recomiendo. Pero, por supuesto, muchas otras referencias tratan muy bien el tema, destacando la ya mencionada de Kirschner & Hendricks (2021). En una entrevista concedida a "Iniciativa Educação" (www.iniciativaeducacao.org), el propio Kirschner explica muy bien el concepto.

La teoría fue desarrollada a finales del siglo pasado por el psicólogo australiano John Sweller (1988, 1999) y sus colaboradores. Se basa en dos principios de la arquitectura de la mente humana que se han demostrado repetidamente válidos.

El primero es que nuestro cerebro está limitado en su capacidad de procesar varias piezas de información simultáneamente; lo hace a través de un sistema llamado *memoria de trabajo*, que normalmente no puede procesar más de cuatro o cinco piezas ("trozos") de información al mismo tiempo. El segundo principio es que no hay límites prácticos a la información almacenada en nuestro cerebro de forma semipermanente en lo que se conoce como memoria *a largo plazo*: la información se almacena en hechos y esquemas, que pueden ser muy complejos (demostraciones de teoremas, argumentos filosóficos...).

Hay dos cuestiones centrales: el procesamiento consciente —la memoria de trabajo— se sobrecarga cognitivamente cuando tiene que tratar con demasiadas piezas de información. Piensa, por ejemplo, en hacer el siguiente cálculo sin papel ni lápiz:

$$3 \times 45 + 4 \times 21 + 3 \times 2 + 3 \times 2 + 4 \times 5 + 2 \times 27$$

No es fácil, ¿verdad? Pero ninguna de estas cuentas, por separado y por sí solas, es difícil. Lo difícil es retener los sumandos mientras hacemos los cálculos.

O piensa en este ejercicio clásico. Intenta memorizar la siguiente secuencia de números:

011 216 400 510 191 025 041 974

Por favor, deja aquí de leer. ¿Has conseguido memorizar estos números? Por supuesto que no; porque no hay nada más difícil de memorizar que una secuencia que nos parece carente de sentido.

© narcea, s. a. de ediciones

¿No has podido? Entonces, ¿qué tal si memorizas esos mismos números de esta manera?

01-12-1640 05-10-1910 25-04-1974

Ahora es más fácil, ¿no? ¿Y por qué es más fácil, sobre todo para un lector portugués? Porque los portugueses tienen en su memoria a largo plazo las fechas de la Restauración, la República y la caída del régimen de Salazar-Caetano. En otras palabras, la memoria a largo plazo nos ayuda a reducir la carga cognitiva cuando se nos presentan informaciones que parecen complejas, pero que para nosotros son sencillas porque les damos un significado. Por lo tanto, lo que está en nuestra mente como conocimiento acumulado nos ayuda a procesar la información que se nos presenta.

La teoría de la carga cognitiva tiene implicaciones muy importantes para la enseñanza y es un tema de investigación muy activo. Concluye que las limitaciones de procesamiento de nuestro cerebro pueden superarse gracias a la capacidad de recuperar información a largo plazo. Y postula que, en la enseñanza, debe reducirse la *carga cognitiva ajena* a los conceptos que se transmiten, para no sobrecargar la *carga cognitiva intrínseca* a lo que se transmite.

Una consecuencia casi directa de la teoría es la necesidad de presentar el desarrollo de los temas en pequeños trozos, para que los alumnos puedan comprenderlos gradualmente e integrarlos en conceptos cada vez más complejos y completos. Pero cuidado con la carga cognitiva ajena, ya que es inútil y introduce un obstáculo para la comprensión de los conceptos.

En los libros infantiles, por ejemplo, varios estudios (Eng et al., 2020) han llegado a la conclusión de que demasiadas ilustraciones distraen y no ayudan a los niños a captar el mensaje. Incluso pueden obstaculizar su progreso en el aprendizaje de la lectura. En general, las ilustraciones agradables no mejoran el aprendizaje, como han demostrado varios experimentos aleatorios (Sung & Mayer, 2012). La preferencia por el gusto puede ser perjudicial para el aprendizaje. Como dice Moreno Castillo, "*la motivación* es una de las falacias que más daño ha hecho a la educación" (2006, p. 33).

La investigación educativa en matemáticas y ciencias también ha demostrado la importancia de los llamados *ejemplos trabajados*. Al resolver los problemas paso a paso y mostrar lo que subyace a su resolución, los buenos libros de texto ayudan a los alumnos a adquirir los conocimientos y procedimientos necesarios para la resolución autónoma de problemas. Esto contradice, por ejemplo, la idea de tener montones de ejemplos idénticos para que los alumnos trabajen por su cuenta, pensando que así desarrollarán los conocimientos factuales y procedimentales necesarios. No necesariamente. Lo importante es presentar y resolver distintos tipos de retos paso a paso, animando a los alumnos a ganar autonomía en la resolución de problemas.

Pero no podemos quedarnos ahí: el llamado *efecto de inversión de pericia* (Kalyuga et al., 2003) demuestra que, a partir de cierto punto, los ejercicios demasiado sencillos pueden poner en peligro el progreso de los alumnos que ya dominan los procesos básicos de ciertas materias y que necesitan retos más avanzados. La teoría de la carga cognitiva también explica este fenómeno. Cuando un sujeto ya ha desarrollado los esquemas de pensamiento adecuados para resolver un problema concreto, insistir en una explicación elemental vuelve a añadir pasos innecesarios y añade una carga cognitiva ajena a ese sujeto para resolver el problema. Lo demasiado simple se convierte en algo más que inútil, se vuelve complejo.

En los párrafos siguientes el lector encontrará algunos temas más que se entienden mucho mejor después de esta introducción a la teoría de la carga cognitiva.

> **Comprender la teoría de la carga cognitiva puede contribuir enormemente a la enseñanza.**

LA DUALIDAD DE PAIVIO Y LOS PRINCIPIOS MULTIMEDIA

Pregunta de bolsillo: ¿Qué aportó Mister Canadá 1948 a la psicología de la educación? Puedes hacer esa pregunta a cualquier psicólogo y probablemente se quedará boquiabierto. Pero si, en lugar de hablar de proezas atléticas, le preguntas por Allan Paivio, es natural que su interlocutor te entienda. La teoría de la dualidad o doble codificación de Paivio es hoy famosa y se considera esencial en psicología educativa.

Allan Paivio nació en Canadá en 1925 de padres finlandeses y tuvo una carrera atlética muy exitosa hasta que decidió estudiar psicología y se convirtió en profesor de la Universidad de Western Ontario. Murió en 2016 tras publicar unos doscientos artículos de investigación y varios libros. Es conocido por su *teoría de la codificación dual*, o simplemente dualidad (véase, por ejemplo, Kirschner & Hendrick, 2020, cap. 5). Sus ideas originales se remontan a un artículo que escribió en 1969, aunque su trabajo más conocido de interés directo para la enseñanza es posterior (Clark & Paivio, 1991).

La "teoría de la codificación dual" reconoce que existen dos procesos cognitivos paralelos pero interdependientes: el verbal y el imaginario. El sistema verbal procesa la información en forma de palabras o, en terminología técnica, *logógenes*. El sistema de imágenes no verbales procesa la información en forma de propiedades del mundo real o, en terminología técnica, en *imágenes*.

Por poner un ejemplo, pensemos en el agua. Podemos recordar la palabra "agua" o apelar al sentido visual del mar, el olor de la brisa marina o el sonido de las olas. La palabra, hablada, escrita o pensada, transmite una idea abstracta; las imágenes sensoriales transmiten una sensación de realidad. La teoría de la codificación dual postula que cada sistema evoca sus propias conexiones. Para el lector, la palabra "agua" puede evocar moléculas, líquido, evaporación, mientras que las imágenes del agua pueden evocar sed, frescor, lavado, brisa. En consecuencia, la teoría de la codificación dual defiende que la expresión verbal (no necesariamente oral) y las imágenes interactúan y se refuerzan mutuamente en la memoria.

La consecuencia para la enseñanza —y para un libro de texto en particular— es que el uso simultáneo de la expresión verbal y la imaginería se combinan para una mejor comprensión de los conceptos y una marca mnésica —persistencia en la memoria— más profunda. A diferencia de la teoría especulativa y acientífica de los llamados estilos de aprendizaje (véase una crítica en Rato, 2023, pp. 15-18 o en Ruiz Martín, 2023, pp. 295-299), la dualidad no parte de la base de que todo el mundo aprende mejor cuando utiliza su estilo preferido, verbal o visual. Lo que supone es que los dos canales son paralelos y se refuerzan mutuamente.

Obviamente, para aprender historia de la pintura, las imágenes son esenciales, y para aprender literatura, los textos son insustituibles, lo cual no tiene nada que ver con los estilos de aprendizaje, sino con las características de los distintos contenidos.

Si es posible, ambos canales de procesamiento deben estar presentes. Para aprender Geometría, los dibujos de figuras deben combinarse con explicaciones verbales. Para aprender inglés, las imágenes ayudan a asociar las palabras con los objetos que representan.

La teoría de la codificación dual ha sido probada una y otra vez por los investigadores y ha proporcionado importantes recomendaciones para la enseñanza. Uno de sus desarrollos más útiles es la *teoría cognitiva de la enseñanza multimedia,* de Richard Mayer (2021), que señala doce principios básicos, cinco de los cuales son especialmente útiles para diseñar libros de texto.

Principio multimedia

El principio *multimedia* o multimodal de Mayer indica precisamente que se aprende mejor cuando se combinan imágenes y texto que cuando las ideas se presentan solo a través de una u otra modalidad. Esto significa que cuando un profesor está hablando de la evaporación del agua, puede ser útil que proyecte una imagen de agua hirviendo, o que, cuando proyecta un cuadro de Caravaggio, describa oralmente el contraste de claros y oscuros que es peculiar de este pintor. Esto significa también que insertar una imagen junto a una explicación escrita puede ayudar a comprender la idea en cuestión.

El famoso profesor de Física portugués Rómulo de Carvalho tenía la excelente costumbre, fruto de la intuición y la experiencia, de escribir siempre en la pizarra los términos clave de los experimentos que realizaba en los bancos del anfiteatro.

En un libro de texto escolar, se recomienda que las imágenes y el texto se complementen siempre que sea posible.

Principio de coherencia

El principio de *coherencia* significa que los alumnos aprenden mejor cuando evitan la información ajena a los conceptos en cuestión. El texto innecesario no solo es inútil, es perjudicial cuando es ajeno al tema. Las imágenes innecesarias no solo son inútiles, son perjudiciales cuando son ajenas al tema.

Pensemos en una explicación de las moléculas de agua. El libro de texto explica, por ejemplo, que estas moléculas están formadas por dos átomos de hidrógeno y uno de oxígeno. Imaginemos que al lado se muestra la Figura 6.1.

Figura 6.1. *Una mala imagen para acompañar la explicación de las moléculas de agua*

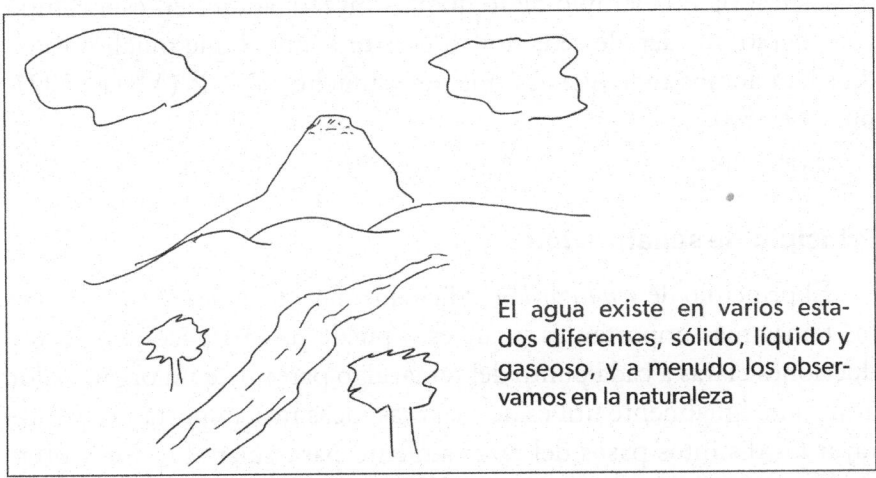

El agua existe en varios estados diferentes, sólido, líquido y gaseoso, y a menudo los observamos en la naturaleza

¿Cómo puede ayudarnos la imagen a comprender la composición de las moléculas de agua? ¡En nada! Distrae al alumno, le distrae del concepto en cuestión y puede dejarle con una pregunta en la cabeza: ¿son las moléculas de agua la mismas en diferentes estados físicos?

Es más, esta imagen y su pie de foto tienen un error implícito: inducen al joven a pensar que el estado gaseoso es lo que se encuentra en la nube, cuando la nube está formada por pequeñas gotas de agua líquida, y a veces hielo. En otras palabras, la imagen no muestra agua en estado gaseoso. Tampoco podría, porque el vapor de agua es invisible.

El mismo problema existe con la inserción de textos innecesarios y extraños. Imaginemos que el libro de texto de Física —¡Ah, la moda interdisciplinar!— tuviera al lado el poema *Balada da neve* de Augusto Gil:

Golpean ligeramente, ligeramente,
como si alguien llamara por mí.
¿Es la lluvia? ¿Es la gente?
La gente no ciertamente
y la lluvia no golpea así.

...

Fui a ver.
La nieve caía.
La luz grisácea del cielo,
blanca y clara,
blanca y fría...

...

Es un bello poema, ciertamente, pero ¿ayudaría a comprender la composición molecular del agua, ya sea en forma líquida o sólida? ¿O distraería al alumno? O crearía confusión en sus mentes: ¿qué quiere decir el autor del libro de texto insertando este poema aquí?

Este sería un ejemplo de lo que los investigadores en este campo consideran un "detalle seductor", un error sobre el que muchos estudios han demostrado que hay que tener mucho cuidado (Mayer, 2021, pp. 149-153).

Avancemos.

Principio de señalización

El principio de *señalización* indica que hay que guiar al lector hacia los temas más importantes y que esto puede hacerse mediante introducciones claras a cada punto del tema, algo parecido a un organizador avanzado. Igualmente útil es destacar las ideas más importantes y subrayar los distintos pasos del razonamiento para guiar al lector, y otras prácticas similares.

Principio de redundancia

El principio de *redundancia* subraya la importancia de transmitir información coincidente a través del texto y la imagen. Al aprovechar la dualidad de los canales, la información se refuerza. En este caso, se trata de una coincidencia beneficiosa, pero la superposición de información puede ser perjudicial. Puede confundir al alumno, que se pregunta si se trata de información nueva y ha confundido la anterior o algo parecido.

También puede provocar una carga cognitiva excesiva, que interrumpe el aprendizaje. Por ejemplo, es mala idea proyectar una diapositiva de texto y leerla en voz alta: o la proyectas y esperas a que el público la lea por ti, o la lees y no la proyectas. Las dos cosas juntas son redundantes y crean disonancia cognitiva, ya que cada uno lee a su ritmo y escucha al mismo tiempo al orador, que tiene un ritmo diferente. La palabra leída no coincide en el tiempo con la palabra escuchada, lo que también perturba la comprensión.

Principio de contigüidad espacial

El principio de *contigüidad espacial* (o de evitar la división de atención) es otro principio fundamental de la teoría de Richard Mayer. Establece que los textos y las imágenes que se refieren a los mismos conceptos deben aparecer lo más cerca posible (Figura 6.2). Así, por ejemplo, en un gráfico que muestre la subida y bajada de la temperatura, sería útil colocar los valores máximos y mínimos registrados en grados centígrados junto a los picos y valles del gráfico (A). Esto será mucho más eficaz que poner estos valores en una leyenda aparte (B) o, peor aún, en un texto aparte.

Figura 6.2. *Ejemplos buenos y malos de aplicación del principio de contigüidad espacial. En el ejemplo superior, los valores de temperatura máxima y mínima y la identificación de la máxima diaria y la máxima semanal están junto a los puntos del gráfico y son fáciles de leer. En el ejemplo inferior, el lector se ve obligado a dividir su atención (split-attention) entre la imagen y la información escrita*

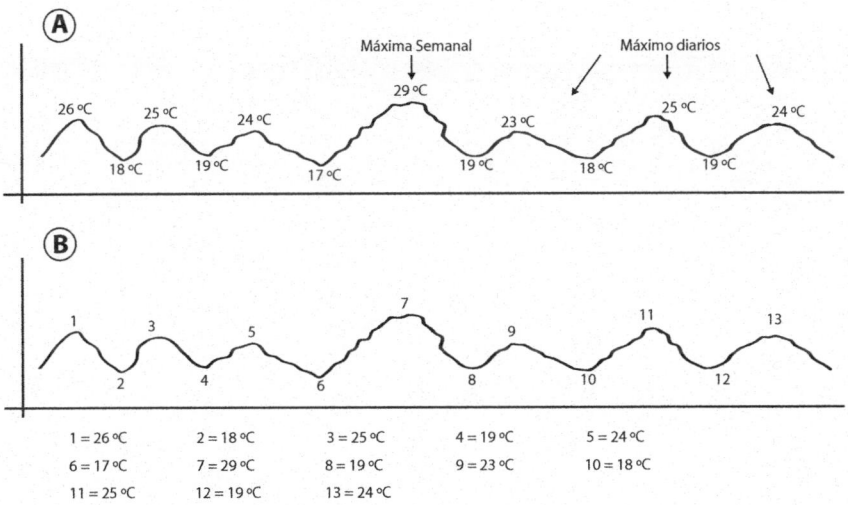

7. Claridad expositiva

EL PRINCIPIO DE MODULARIDAD

La escritura modular está de moda. Recomienda concebir un texto largo en pequeños trozos, como capítulos, en los que cada trozo puede leerse independientemente y los trozos pueden reagruparse en una estructura más general. Una de las mayores editoriales científicas internacionales, si no la mayor, Springer, recomienda esta técnica a los autores de libros de texto. Y la justifica:

> (...) Es probable que los estudiantes cojan el libro y luego lo dejen, en lugar de leerlo linealmente de principio a fin, por lo que hay que intentar que los capítulos sean independientes siempre que sea posible, para que puedan entenderse fuera del contexto del resto del libro (Springer, 2023).

Las ventajas de la modularidad —o autocontenido— se aplican no solo a los capítulos, sino también a los cuadros de texto destacados, los gráficos, las figuras y otras partes.

Esto significa, por ejemplo, que una figura debe poder entenderse casi independientemente del texto. En otras palabras, una figura debe ir acompañada de un título, pie de foto, notas, escala y otros componentes que la hagan esencialmente comprensible cuando se lea en el texto. Esta práctica se recomienda, por ejemplo, en las revistas científicas. Por supuesto, la comprensión de una figura o gráfico de este tipo se beneficia o requiere cierto conocimiento del contexto de la obra. Pero el respeto del modularidad permite sacar el máximo partido de lecturas parciales.

En realidad, ningún alumno estudia un libro leyéndolo de la primera a la última página. Normalmente, los alumnos consultan un recuadro, una definición, ven una imagen y se acercan a su conocimiento de la materia en pequeños vuelos de reconocimiento.

Esta práctica no siempre es la mejor, pero es absolutamente comprensible que se siga. Todos procedemos de manera similar cuando leemos una revista. Miramos los titulares, vemos una foto o dos, luego leemos un fragmento de texto y a menudo abandonamos esa lectura para pasar al siguiente artículo.

Cuando se estudia un manual, no se recomienda seguir exactamente esta práctica. Pero es inevitable. Corresponde a los autores de los manuales y a los profesores guiar al lector mediante referencias cruzadas y otras indicaciones. Una forma de obligar a los alumnos a prestar atención a los conceptos esenciales es hacer estas referencias en los ejercicios. Por ejemplo, puede señalar un ejercicio que diga "Cuando se aplica la regla de L'Hôpital (Proposición 3.4) al límite de la ecuación 3.52, no se puede calcular el valor numérico del límite. Explique cuál de los supuestos de esta regla está violando".

El principio de modularidad refuerza la preocupación por la navegabilidad de un manual. Siguiendo casi al pie de la letra un estudio de Carvalho (2010), esta navegabilidad se facilita adoptando las siguientes recomendaciones (p. 370):

– Los diferentes capítulos y secciones deben tener la misma lógica de presentación.
– La disposición gráfica de cada página, de cada sección debe ser constante.
– Las secciones y los capítulos deben estar claramente identificados.

Hay muchas otras cuestiones gráficas importantes, como la recomendación de evitar el ruido visual y la banalización de imágenes inútiles para la comprensión del material (p. 371). Son temas especializados pero importantes. Incluso se podría decir que un manual es "una compleja presentación visual de la información en la que las imágenes pueden desempeñar un papel tan importante como el texto" (Johnsen, 2001).

ALGUNAS REGLAS PARA ESCRIBIR CON CLARIDAD

Si el lector piensa como yo, dirá que hay valor en la sencillez, y se enfadará con ciertos intelectuales que piensan que ser confuso y opaco es lo mismo que ser profundo.

Quizá en ningún otro ámbito sea más necesaria la claridad que en la enseñanza. Y en un texto que será leído por los alumnos, la claridad es aún más esencial (Britton et al., 1993). Hay muchas buenas referencias a las reglas de escritura. Pero estas referencias suelen favorecer más la construcción gramatical que la transparencia expositiva.

Permítanme seleccionar siete reglas de escritura clara que son esenciales en un libro de texto.

Primera regla. *Adoptar una escritura sencilla*

La escritura sencilla empieza por el vocabulario, que debe ser simple, preciso y rico. Concretemos.

Si le explicamos a un niño de diez años qué es un pararrayos, tendremos que decirle que es un sistema construido con una varilla metálica en lo alto de un edificio y que esta varilla está conectada a un cable conductor de la electricidad que va hasta el suelo. No vamos a hablar de un *eje* altamente conductor para proteger un medio relativamente *dieléctrico*. No lo vamos a hacer porque complicaría la comprensión de la idea central que intentamos transmitir. Pero tampoco vamos a sustituir la palabra "varilla" por "palo" porque entonces la simplicidad lingüística introduciría una complicación adicional: palo se asocia a madera, y este material no es un buen conductor de la electricidad.

En otras palabras, el vocabulario debe ser sencillo para transmitir la idea central, pero lo suficientemente preciso para que los conceptos queden claros y ayuden a los jóvenes a enriquecer su vocabulario y asociarlo a conceptos bien definidos.

A continuación, la escritura sencilla se traduce en la secuencia y organización de frases y párrafos. Si el autor no es Eça de Queirós o Jorge Luis Borges, y aunque lo fuera, al escribir un libro de texto debe utilizar frases sencillas y cortas, no párrafos demasiado largos, al servicio de una secuencia clara y lógica de los conceptos. Algunas normas de redacción científica, en particular las de la APA (American

Psychological Association, 2020), sugieren de cuatro a seis frases por párrafo y desaconsejan los párrafos muy cortos. Normas de redacción científica en el campo de las matemáticas apuntan en la misma dirección (Higham, 1998, p. 51).

Cada párrafo debe tener un único tema o idea central. Dentro de cada párrafo, este tema se divide en frases o puntos, ni demasiado cortos ni demasiado largos. Cuando un párrafo tenga más de un tema central, pregúntese si no sería mejor dividirlo en dos. Cuando una frase incluya más de una idea, pregúntese si no sería mejor dividir esa frase en dos.

Mire este ejemplo:

Para evitar daños en un edificio, un pararrayos es un sistema formado por una varilla metálica conectada a un cable conductor de la electricidad que se introduce en el suelo donde hay una toma de tierra que disipa la energía eléctrica para que las descargas eléctricas procedentes de la atmósfera sean conducidas a tierra sin causar daños al edificio sobre el que se encuentra el pararrayos.

Ahora dividido en tres frases más sencillas:

Un pararrayos es un sistema que protege los edificios de las descargas eléctricas procedentes de la atmósfera. Se compone de una varilla metálica colocada en la parte superior del edificio en cuestión y un cable que va desde la varilla hasta el suelo. Los rayos son recogidos por el pararrayos y conducidos a tierra sin alcanzar el edificio.

Si ahora quisiéramos cambiar de tema, por ejemplo, para explicar las circunstancias en las que Benjamin Franklin inventó el pararrayos, sería buena idea empezar un nuevo párrafo.

Segunda regla. *No hacer poesía*

Esta segunda regla indica que no conviene hacer literatura; las frases feas y claras son preferibles a las frases bonitas y confusas.

Esto significa que, en el enunciado del anterior problema de las manzanas, por ejemplo, no hay que tener miedo a repetir la palabra manzanas, lo que puede quedar mal en literatura, pero será útil si esta repetición ayuda a entender el problema. Volveré a escribir aquí ese enunciado:

Juan tenía cuatro manzanas y María tenía el doble que Juan. ¿Cuántas manzanas debe darle María a Juan para que ambos tengan el mismo número de manzanas?

Fíjese en lo confuso que sería todo si evitáramos repetir la palabra manzanas, por ejemplo, de esta manera:

Juan tenía cuatro manzanas, pero María tenía el doble. ¿Cuántas frutas tiene que darle María a Juan para que los dos hermanos dejen de discutir?

Esta segunda afirmación puede parecer más elegante, pero tiene una serie de inconvenientes. Los alumnos no son tontos y pueden preguntarse: "¿Estamos hablando solo de manzanas o hay otras frutas implicadas? ¿Quiénes son los hermanos? ¿Juan y María, o hay otros niños a considerar para la división? Y si unas manzanas son mucho más grandes que otras, ¿cómo evitar que se peleen?".

Lo cierto es que a menudo los alumnos trabajan de forma pragmática y entienden lo que quiere decir el profesor, aunque la redacción sea confusa. Pero se trata de una mala práctica pedagógica, ya que aleja al alumno del rigor que debería estar desarrollando.

Tercera regla. *Eliminar las palabras innecesarias*

Eliminar las palabras innecesarias, sí, pero repetirlas si aclaran el contenido. Evite los adjetivos, especialmente los superlativos. Como ironizaba Machado de Assis, "no hay nada más feo que dar patas muy largas a ideas muy cortas".

La clásica guía de escritura estadounidense, el famoso *Strunk and White* (2000), publicado y reeditado una y otra vez desde 1935, es famoso por esta sencilla recomendación: omita las palabras innecesarias. He dado este libro a mis colaboradores varias veces. No recuerdo cuántas veces, pero nunca he malgastado mi dinero.

Casi siempre hago este ejercicio: después de escribir un texto, lo dejo reposar uno o dos días y lo releo para mejorarlo. En particular, intento eliminar las palabras innecesarias. Siempre hay algo que depurar y el texto suele quedar mucho mejor una vez depurado.

Figura 7.1. *Las ilustraciones también deben evitar elementos innecesarios que compliquen la lectura. Si queremos explicar la diferencia entre máximos locales y máximos globales, esta figura es mucho más sencilla que cualquiera de los ejemplos de la figura 6.2.*

Cuarta regla. *Evitar la ambigüedad*

La pluralidad de significados es uno de los defectos más difíciles de evitar. Un poco más adelante, el lector encontrará una descripción de las diferencias entre dos corrientes artísticas. Espero que lo que lea allí quede claro. Pero echamos un vistazo a lo que escribí antes de revisarlo y enmendarlo:

> Digamos, por ejemplo, que queremos explicar qué fue el impresionismo en la pintura y qué fue el romanticismo. No tiene mucho sentido decir que el romanticismo fue una reacción a la perfección realista y a la creencia de la Ilustración en el progreso. Tampoco tiene mucho sentido decir que el impresionismo fue una reacción al perfeccionismo en la pintura y un intento de resaltar los colores y la luz.

Hasta la segunda lectura no me di cuenta de que la frase introductoria era ambigua. Y esa ambigüedad no se disipa con la segunda frase. No es fácil detectar el fallo, sobre todo si sabes lo que querías decir cuando empezaste a escribir. Pero el fallo está ahí: ¿quiero contraponer el "impresionismo en la pintura" al "romanticismo" en general? ¿Hablo de una corriente pictórica por un lado y de una corriente artística y filosófica por otro?

El párrafo tiene otro problema, menor. En la primera frase, el impresionismo aparece en primer lugar y el romanticismo en segundo. En la segunda frase, el orden se invierte. Entender el significado suele ser más difícil con el orden invertido.

En resumen, defectos. Ciertamente he cometido muchos más en este texto y en otros. Pero debemos evitarlos, especialmente en la enseñanza. Veamos un ejemplo de ambigüedad en la Figura 7.2.

Figura 7.2. *Las ilustraciones también deben evitar ser ambiguas y llevar a conclusiones erróneas. Utilizar esta imagen para ejemplificar qué son los triángulos puede llevar a los alumnos a pensar que los triángulos siempre tienen un lado horizontal*

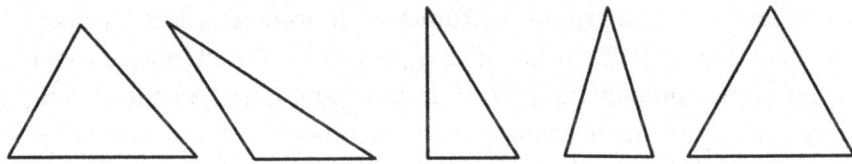

Voy a poner otro ejemplo, esta vez de un examen de Historia y Geografía. Transcribiré la pregunta completa.

Pregunta:

Los romanos conquistaron diversos territorios que fueron incorporando a su imperio.

a) Lea atentamente el Documento 1:

> **Documento 1**
>
> "[...] los turdetanos[1] [...] se han pasado completamente a las costumbres romanas y ya ni siquiera recuerdan su propia lengua. La mayoría de ellos han adquirido la ciudadanía latina y han recibido colonos romanos, de modo que apenas son romanos" (Estrabón, Geografia III. 2.15, en Maria Helena da Rocha Pereira (ed. y trad.), Romana. Antologia da Cultura Latina, 6.ª edición, Lisboa, Guimarães Editores, 2010, p. 287).
>
> ---------------------
>
> [1] Turdetanos - uno de los pueblos de la Península Ibérica.

b) Marque todas las casillas que pueda comprobar analizando el Documento 1:

      A ☐ Hubo pueblos del Imperio que adoptaron las costumbres romanas.
      B ☐ El ejército contribuyó a la difusión de la cultura romana.
      C ☐ Se concedió el derecho de ciudadanía a la mayoría de los habitantes del Imperio.
      D ☐ Las carreteras facilitaron la integración de los pueblos dominados.
      E ☐ La lengua latina fue un instrumento de romanización.

La entidad que concibió esta prueba considera, en sus criterios de calificación que la respuesta correcta es la selección simultánea de las opciones A, C y E y solo estas. Yo diría que solo la opción A es correcta. Del texto citado no se puede concluir que el derecho de ciudadanía se concedió a la mayoría de los ciudadanos del imperio (opción C), solo se puede concluir que este derecho se concedió a la mayoría de los turdetanos. También diría que hay que esforzarse para concluir del texto que la lengua latina era un instrumento de romanización (opción E). Lo único que se puede concluir es que, para los turdetanos, la romanización vino acompañada del uso de la lengua latina; puede que fuera un factor de la romanización o puede que fuera su consecuencia, no se puede concluir nada más.

Sí... ya sé que estoy siendo demasiado preciso... y que muchos alumnos que han entendido el texto y tienen algún conocimiento del tema habrían elegido las opciones A, C y E, y habrían rechazado B y D. Esto ocurre porque los alumnos adivinan lo que uno quiere como respuesta y entran en una especie de connivencia con los examinadores.

Pero seamos estrictos. ¿Queremos que los alumnos adivinen las intenciones de los examinadores o queremos que desarrollen el rigor y el pensamiento crítico?

Quinta regla. *Utilizar frases paralelas*

Este es uno de los preceptos que más se pasan por alto. Más arriba, el primer enunciado del problema de la manzana está escrito con frases casi paralelas. El segundo enunciado no.

Pondré otro ejemplo.

Supongamos que queremos establecer una secuencia de conceptos a enseñar para que los alumnos comprendan la física del arco iris. Podríamos, por ejemplo, sugerir esta secuencia:

> En primer lugar, debe introducirse el concepto de rayo de luz, seguido de algunos experimentos con un puntero láser en un entorno nublado. A continuación, en un tercer paso, se explicarán las tres leyes de la reflexión de la luz. Seguidamente, con el mismo puntero láser, se comprobará que la luz cambia de dirección cuando pasa de un medio a otro, por ejemplo, del aire al agua...

El lector ya está perdido, ¿no? Lo estoy. Reescribamos la secuencia en escritura paralela.

En primer lugar, se introduce el concepto de rayo de luz y se lo ejemplifica utilizando un puntero láser. En segundo lugar, se explican las tres leyes de la reflexión y se ejemplifican también con un puntero láser. En tercer lugar, se explica y ejemplifica el fenómeno de la refracción...

Menos poético, pero más claro, ¿no?

Pondré un ejemplo más, porque el principio de la escritura paralela es uno de los más importantes y también uno de los más ignorados. Imaginemos que queremos contrastar la civilización griega de la época clásica con el Imperio Romano en sus primeros siglos. En la escritura no paralela podemos decir:

Los griegos, como otros pueblos de la Antigüedad clásica, se organizaban en ciudades-estado. Se trata de una organización poco frecuente hoy en día. Tenían muchas ciudades-estado, con regímenes diferentes. Por su parte, los romanos tenían una organización también poco frecuente hoy en día, un imperio en el que se superponían varios poderes, pero el emperador era soberano.

Ahora mire este escrito más condensado con frases paralelas:

Los griegos estaban divididos en ciudades-estado independientes. Los romanos tenían un sistema político centralizado. En las ciudades-estado griegas había varios regímenes, desde democracias hasta monarquías absolutas. En el Imperio Romano, sólo había un régimen político, el poder estaba en manos de un emperador autocrático.

Sexta regla. *Contrastar los conceptos para que se entiendan mejor*

En algunos ámbitos, sobre todo en el social, hay muchos conceptos difusos, y explicar cada uno por separado no basta para entenderlos.

Si, por ejemplo, queremos explicar qué fue el romanticismo en la pintura y qué fue el impresionismo, no tiene mucho sentido decir que el romanticismo fue una reacción a la perfección realista de la pintura clasicista y a la creencia en el progreso de la Ilustración, mientras que el impresionismo fue una reacción al perfeccionismo en la pintura y un intento de resaltar los colores y la luz. Cualquiera que conozca la historia del arte entiende estas ideas, comprende lo que está en juego. Los que saben poco de pintura no son ilustrados.

Para un joven estudiante, podría ser más esclarecedor decir que los románticos pintaron a la perfección personas y paisajes, esforzándose por crear imágenes poderosas, que expresaran las emociones humanas y la admiración por lo extraordinario de la naturaleza, mientras que los impresionistas trataron de transmitir con pinceladas la luminosidad visual que las personas y los paisajes corrientes despertaban en el observador.

Un crítico de arte dirá que ambas explicaciones son muy insuficientes, y evidentemente tiene razón, del mismo modo que es obvio que estas explicaciones deberían ir acompañadas de la visualización de algunos cuadros. Pero no dudemos de que la explicación contrastada es más útil para un joven estudiante que la primera, puramente descriptiva.

El tema del *contraste discriminativo* —ese es el nombre técnico— ha sido desarrollado por varios investigadores que han comprobado que existen ventajas en poner conceptos en oposición entre sí, en lugar de desarrollarlos por separado (véase, por ejemplo, Jacoby, Wahlheim & Coane 2010 y Kang & Pashler, 2012).

Séptima regla. *Leer, hacer una pausa, volver a leer y releer*

Las personas que no están acostumbradas a escribir para ser comprendidas no entienden esta necesidad. La primera versión de un texto es eso: un primer borrador. Hay que leerlo y releerlo, corregirlo y volver a corregirlo. Deje el escrito olvidado durante uno o dos días y luego vuelva a leerlo. Cuando se relee inmediatamente, se lee lo que se cree que se ha escrito y no lo que hay en el texto. Se pasan por alto errores, imprecisiones y mala prosa. Días después, se lee todo con otros ojos y otra cabeza, necesariamente más crítica y alejada de lo que se tenía en ella cuando se escribió. Pero aún es mejor pedir a otra persona que lea críticamente lo que uno ha escrito.

8. Aprendizaje activo y estudio activo

Todos queremos que los alumnos participen activamente en el aprendizaje. Pero esta idea tiene muchas versiones y a menudo se identifica con el rechazo a la memorización, la construcción de materiales, la realización de experimentos, el diálogo entre alumnos, el aprendizaje basado en proyectos, las clases invertidas, el trabajo en grupo y otras actividades asociadas al movimiento físico.

Sin embargo, como hemos visto, lo importante no es que los alumnos estén físicamente activos, sino que sus mentes estén activas en la comprensión de los conceptos que aprenden. Y que cuanto más sepan, más aprendan.

Es importante hacer hincapié en estos puntos, porque a menudo se dice, por ejemplo, que el modelo de enseñanza tradicional es pasivo, ya que los alumnos se convierten en agentes pasivos en el aula y adquieren conocimientos simplemente escuchando lo que el profesor tiene que decir. Se propugna el modelo contrario, en el que el alumno será el agente constructor del conocimiento, y para ello habría que recurrir a las llamadas metodologías activas.

CONCEPTOS ERRÓNEOS SOBRE EL APRENDIZAJE ACTIVO

Hay varios errores y falacias en estas ideas. La primera es la idea de que adquirir conocimientos siguiendo la exposición de un maestro es algo pasivo. Puede serlo. Pero seguir la exposición de un maestro también puede ser estimulante y activo si el alumno se esfuerza por comprender lo que se dice y si el maestro, como hacen los buenos profesores, fomenta o incluso fuerza el diálogo y la verificación de la comprensión del alumno.

El segundo concepto erróneo es que los proyectos, el trabajo en grupo y la construcción de materiales son necesariamente experiencias activas, en las que el alumno se implica en la comprensión de los temas y su desarrollo. En realidad, estas experiencias pueden ser pasivas desde el punto de vista que importa, que es el aprendizaje y la formación del alumno. Si un alumno participa pasivamente en un trabajo de grupo y ese trabajo se limita a cotejar extractos de textos sacados de internet, ¿cómo podemos decir que el aprendizaje ha sido activo? Puede serlo o no. Depende de la implicación de la mente. Lo mismo puede decirse de los experimentos y los proyectos.

Por poner un ejemplo, imaginemos que el profesor reta a los alumnos a construir un reloj de sol. Pueden simplemente buscar moldes de papel ya hechos en Internet, recortar un trozo de cartulina, pegar las piezas y presentar el resultado al profesor. Pueden dedicar tiempo a buscar los materiales, discutir sobre los colores, buscar tijeras, experimentar con diferentes pegamentos para papel, escribir los números y las líneas del limbo en diferentes colores y divertirse mucho. ¿Han aprendido algo? Puede ser, pero no hay garantía de que hayan entendido nada sobre el movimiento aparente del Sol, la orientación e inclinación del estilete de un reloj de sol (gnomon), la importancia de la latitud y los días del año, etc.

Una lección expositiva, por tomar el ejemplo opuesto, podría comenzar con una pregunta del profesor: "¿por qué podemos medir el tiempo con un reloj de sol?", seguida de otras preguntas: "¿por qué se inclinan los estiletes de los relojes de sol?" y "¿funcionan los relojes de sol verticales para todas las horas de todos los días del año?".

Como cabe imaginar, el profesor puede hacer que esta lección sea muy activa en la mente de los alumnos y puede llevarlos a comprender muchos conceptos relacionados con el movimiento aparente del Sol, la proyección de sombras, etc. En conclusión, identificar el aprendizaje activo con proyectos elaborados por los alumnos es una idea falaz.

La tercera falacia es la de identificar la construcción del conocimiento con la iniciativa de los alumnos en sus estudios. La propia expresión "construcción del conocimiento" es ambigua, porque está claro que un

© narcea, s. a. de ediciones

alumno no va a descubrir por sí solo lo que la humanidad ha tardado siglos o milenios en descubrir, inventar y construir. Sería más exacto hablar de "redescubrimiento" que de "construcción del conocimiento". Sin embargo, el constructivismo pedagógico radical y anticientífico se opone a esta visión sensata y postula que lo que no es construido por el alumno no puede ser verdaderamente asimilado.

Si hablamos de construcción del conocimiento en el sentido cognitivo moderno y no en el sentido constructivista, entonces deberíamos adoptar el enfoque más actualizado y realista de construcción de un modelo mental de la materia. Desafortunadamente, muchos estudiantes de educación no están expuestos a los puntos de vista científicos más actualizados (ver algunas pistas en los trabajos de Lopes et al., 2014 y Leite & Leite, 2022). En muchos lugares, solo están expuestos a los modelos teóricos de Lev Vigotski (1896-1934), Jean Piaget (1896-1980) y Jerome Bruner (1915-2016), y sus discípulos, o a visiones distorsionadas de la obra de David Ausubel (1918-2008).

La psicología cognitiva moderna asume que las personas participan activamente en el procesamiento de la información cuando construyen y activan una representación mental coherente de sus experiencias y de los nuevos conocimientos. El procesamiento cognitivo activo incluye la atención selectiva a la información, la organización de esa información en una estructura mental coherente y su integración con los conocimientos previos.

En otras palabras, cuando de verdad aprenden, aunque solo sea escuchando la presentación de un profesor, los alumnos son procesadores activos, y no archivadores pasivos, de la información que se deposita en su memoria solo para ser regurgitada cuando se evoca, por ejemplo, en época de exámenes (véase, por ejemplo, Mayer, 2021, capítulo 2).

> *Un buen libro de texto contribuye al aprendizaje activo explicando cómo se relacionan los conceptos entre sí y retando a los alumnos a integrar los nuevos conocimientos con los anteriores.*

Preguntas que obligan al lector a pensar, preguntas sobre la similitud y el contraste de ideas, sugerencias para reelaborar los conceptos...; todo ello forma parte de un libro de texto que fomenta el aprendizaje activo.

PRINCIPIOS DEL ESTUDIO ACTIVO

Los jóvenes suelen estudiar leyendo y releyendo los mismos pasajes de un libro. A menudo subrayan lo que les parece importante, pensando que así captarán mejor los conceptos. No es una buena técnica. Releer cuando no se entiende es lo correcto; pero después testarse es mejor que releer (Willingham, 2023, Consejo 44). Y reescribir es mejor que subrayar. Hay descubrimientos en psicología cognitiva que nos ayudan a estudiar mejor. Un buen manual debe facilitar su aplicación.

Espaciamiento

Empezaré por un primer concepto de cognición que tiene un origen ilustre, ya que sus primeros estudios se remontan al siglo XIX. A finales de ese siglo, el psicólogo alemán Hermann Ebbinghaus (1850-1909) realizó algunos experimentos que mostraban una interesante regularidad en el olvido de la información. Estos experimentos apuntaban a una disminución similar a un decaimiento exponencial.

A título ilustrativo, si una persona ha empezado aprendiendo 16 informaciones, al día siguiente puede que solo recuerde 8, dos días después sólo 4, tres días después 2, es decir, olvidará un porcentaje más o menos fijo de lo que había retenido el día anterior (50% en este ejemplo).

Según Ebbinghaus, recuperar la información más adelante es una buena forma de mantenerla en la memoria. Y lo interesante es que, al recuperar la memoria, el ritmo de olvido se ralentiza. Tras un repaso, los mismos 16 elementos no se reducirían a 8 al día siguiente, sino a 12, y estos 12 se reducirían a 9 el segundo día, y así sucesivamente (25% al día, ahora en el ejemplo muy simplificado).

Estos estudios han sido confirmados repetidamente por psicólogos experimentales (véase, por ejemplo, Murre et al., 2015). Constituyen un resultado bien establecido en la psicología de la memoria.

¿Qué significa esto para un libro de texto? Que si, en lugar de tratar los temas de forma estanca, el libro de texto ayuda a los estudiantes a encontrar de nuevo la misma información, naturalmente de forma más avanzada, a medida que avanzan en la asignatura, estará ayudando a los lectores a retener la información, es decir, los conceptos aprendidos.

Efecto de prueba o recuperación

Uno de los recientes descubrimientos de la psicología educativa es el extraordinario efecto que tienen las pruebas en la retención de conceptos. Mucho mejor que releer un libro de texto y repasar el material, un estudiante puede examinarse a sí mismo o ser examinado por otra persona. Contrariamente a la idea ingenua y anticientífica de que los exámenes no son la forma de aprender, los exámenes tienen un gran efecto en la retención de la información (Bjork, 1975).

Este hallazgo confirma la eficacia de las prácticas de los profesores experimentados: hacer preguntas, preguntar siempre, obligar a los alumnos a responder, mandar deberes, hacer pequeñas pruebas formativas en el aula. Descubrimientos más recientes de algunos psicólogos americanos, ya en este siglo, y confirmados por numerosos estudios experimentales, consolidan la validez de estas prácticas y permiten orientar mejor el estudio (Roediger & Karpicke, 2006a, 2006b).

Preguntar, probar y volver a preguntar obliga a los alumnos a pensar y recuperar información que, naturalmente, está medio perdida en su memoria a largo plazo y aún no está verdaderamente interiorizada. Esta recuperación es un factor de aprendizaje muy poderoso. Les obliga a engrasar sus cerebros, aclarar ideas y aprender.

¿Qué significa esto para un libro de texto? Que, si el libro de texto tiene buenos ejercicios, plantea preguntas sistemáticas y ofrece a los estudiantes repetidas oportunidades de poner a prueba su comprensión del tema, se convierte en una buena ayuda para el estudio. Más que una simple ayuda al desempeño inmediato del estudiante, el libro de texto se convierte así en una ayuda para la retención profunda y a largo plazo de los conocimientos y de las estructuras de pensamiento (Soderstrom & Bjork, 2015).

Es más, si un manual ayuda al profesor con buenas preguntas y pruebas cortas, ahorra tiempo y facilita la práctica docente. Los investigadores han demostrado repetidamente que las pruebas formativas frecuentes son muy beneficiosas (Leeming, 2002). Las llamadas pruebas previas, que comprueban hasta qué punto un alumno está preparado para asimilar la materia, preparan la mente de los estudiantes para encajar los nuevos conceptos con los que ya deberían haber asimilado. La investigación en laboratorio y en el aula también ha demostrado, en contra de la intuición, que las pruebas formativas tienen un coste de oportunidad ventajoso en relación con el tiempo consumido (Roediger & Karpicke, 2006a).

Alternancia

La experiencia de las dos últimas décadas, y por tanto hasta bien entrado el siglo XXI, ha demostrado las ventajas de variar el estudio en lugar de ceñirse exactamente a los mismos temas una y otra vez. Para consolidar conceptos y técnicas, son beneficiosos varios ejercicios del mismo tipo. Pero, además, a la hora de repasar los temas, en lugar de hacer diez ejercicios muy parecidos seguidos, es beneficioso que el alumno alterne el estudio de subtemas relacionados dentro de la misma asignatura. Pondré un ejemplo quizás ingenuo.

Algunos libros de texto tienen veinte o treinta ejercicios iguales, todos con la misma estructura:

Calcular el valor de la incógnita x *a partir de* las ecuaciones:
(1) $2x = 6$
(2) $3x = 27$
(3) $2x = 15 + 2$
(4) $5x = 25$
... y así sucesivamente.

A los alumnos les convendría cambiar el estilo alternando los ejercicios. Por ejemplo, se les podría pedir que calcularan el valor de la incógnita en los siguientes casos:
(1) $2x = x + 7$
(2) $27 - x = \frac{x}{3} - 3$
y así sucesivamente.

También sería beneficioso alternar la resolución de este tipo de ecuaciones lineales directas con otros problemas, como problemas de palabras. Repetidos experimentos en ensayos aleatorios y en el aula han confirmado las ventajas de la alternancia.

Elaboración

Esta práctica culmina las técnicas de aprendizaje activo, ya que consiste en pedir al alumno que exponga las ideas aprendidas con sus propias palabras, que las detalle y describa, asociando los conceptos con otros temas o experiencias. Esta práctica obliga al alumno a movilizar, reinterpretar y reorganizar los conceptos.

Los libros de texto pueden desempeñar un papel importante a la hora de obligar a los alumnos a describir conceptos en párrafos cortos, a explicar a sus compañeros las ideas que han aprendido en unas pocas frases, a redactar descripciones breves en las que tengan que incorporar diversos aspectos relacionados con los conceptos en cuestión.

La elaboración puede empezar rescribiendo los apuntes tomados en clase, resumiendo conceptos de un libro de texto con sus propias palabras. O puede alcanzar otros niveles.

Un libro de texto de Física podría, por ejemplo, decirle a un estudiante:

> Describe lo que has aprendido sobre las causas del arco iris, explicando a un compañero por qué se puede ver este fenómeno cuando el cielo está *parcialmente* nublado. No olvides explicar primero qué son la refracción y la reflexión de la luz antes de aplicar estos conceptos al arco iris.

Un libro de texto de Portugués puede, por ejemplo, pedir a un alumno que lea *Os Maias* de Eça de Queirós:

> ¿Por qué diría Ega que Carlos y él eran "románticos, es decir, individuos inferiores que se rigen en la vida por el sentimiento y no por la razón"?

Al sugerir estas prácticas de forma sistemática, un libro de texto está favoreciendo y reforzando las oportunidades de aprendizaje de los alumnos.

Todos estos temas están muy bien tratados en castellano y catalán por Héctor Ruiz Martín (2020) y en vídeos animados realizados bajo la dirección de la psicóloga Célia Oliveira por "Iniciativa Educação" (www.iniciativaeducacao.org), y ya traducidos en castellano. Son temas recientes y muy útiles para ayudar a los jóvenes a aprender. Merecen ser ampliamente conocidos. Son muy útiles para el buen diseño de los libros de texto.

PROMOVER LA TRANSFERENCIA

Ya he presentado varias críticas a las ilusiones de las transferencias cognitivas grandiosas. Estas críticas se han desarrollado principalmente en dos argumentos. El primero es que transferir conocimientos de un área a otra es muy difícil o incluso imposible. No se aprenden Matemáticas estudiando Música, ni Lógica simbólica estudiando Latín.

El segundo argumento es la inutilidad de entrenar habilidades generales que están divorciadas del conocimiento específico. No se puede desarrollar la capacidad de comunicación cuando no se tiene nada que comunicar, no se puede desarrollar el sentido crítico cuando no se sabe de qué se trata.

Estas críticas están sólidamente establecidas experimental y teóricamente por la psicología cognitiva moderna y es importante ser consciente de ellas, sobre todo cuando nos bombardean con soluciones mágicas destinadas a evitar el estudio de determinadas materias. Evitar la realidad y el trabajo es siempre una tentación en la que se apoya y fomenta la pedagogía romántica.

Dicho esto, no debemos olvidar que la transferencia de conocimientos es, en cierto sentido, el objetivo último de la enseñanza. Si enseñamos a un alumno a resolver ecuaciones lineales de la forma $ax + b = 0$, queremos que sea capaz de resolver una ecuación de la forma $ax - bx = c$, y queremos que sea capaz de calcular un precio bruto antes de un descuento, sin tener que explicarle que eso corresponde a resolver una ecuación lineal.

Todo ello corresponde a lo que se clasifica como una transferencia cercana (Willingham, 2021, pp. 106-115). El trabajo diario de la escuela es promover este tipo de transferencias. Pero hay transferencias más lejanas, que son más difíciles y que también nos gustaría promover. Un ejemplo clásico es la transferencia de técnicas de medicina oncológica a la estrategia militar de asediar una fortaleza (Gick & Holyoak, 1980).

El experimento funciona de la siguiente manera. Se explica a los alumnos que, para tratar tumores, la radiación se concentra en el tejido canceroso, pero que hay que tener cuidado de no destruir el tejido sano circundante. La solución consiste en producir diferentes haces de radiación provenientes de distintas direcciones, pero convergiendo, de forma que cada uno sea débil y no destruya los tejidos a su paso, pero que los diferentes haces, una vez concentrados en el tumor, tengan la potencia necesaria para destruirlo.

A continuación, se explica que cierto general, que asedia una fortificación, teme enviar a sus tropas a través de las entradas existentes porque sabe que algunas de ellas están minadas y podrían explotar al paso de numerosas tropas. ¿Qué puede hacer el general?

Igual que un mago distrae al público con historias secundarias, este ejemplo funciona tanto mejor cuantos más detalles se cuentan sobre la técnica de tratamiento y más detalles describen la situación bélica. La gente tiene grandes dificultades para encontrar una solución al asedio de la fortaleza.

Entonces surge la pregunta: "¿qué funcionaba en el tratamiento del cáncer?". La dispersión de los rayos se concentraba en el tumor, ¿no? Entonces, "¿cómo debe actuar el general?". En este punto, prácticamente todos los alumnos son capaces de dar con la solución: atacar desde varios flancos en pequeños contingentes de tropas.

¿Por qué los alumnos no ven inmediatamente la relación entre las dos estrategias? ¿Por qué no pueden hacer la transferencia?

La razón es que los detalles de cada historia distraen al alumno de la estructura profunda de cada caso. Así es como trabajamos en la vida cotidiana. Cuando nos hablan de una técnica médica, no prestamos atención al principio más abstracto de la técnica, lo que puede considerarse la estructura profunda del ejemplo. Del mismo modo, cuando nos hablan del asedio a una fortaleza, nos centramos en la estructura superficial del caso.

Para lograr una generalización y llegar a la estructura profunda de una historia o un proceso concretos, es necesario pasar a otro nivel de abstracción. ¿Cómo pueden hacerlo las escuelas?

¿Cómo pueden los libros de texto ayudar a los alumnos para que logren realizar la transferencia de conocimientos?

En primer lugar, los jóvenes necesitan tener ciertas prácticas automatizadas (lectura, cálculo, localización de continentes, recuerdo de hitos de la historia...). Este automatismo libera su energía mental (técnicamente, memoria de trabajo) para prestar atención a los aspectos más profundos de los problemas. Un alumno que tenga dificultades básicas de cálculo elemental tardará más en comprender el procedimiento general de comparación de fracciones. Para un alumno así, comparar 2/3 con 5/6 o comparar 2/3 con 5/8 consume toda su energía, por lo que le resulta más difícil ver la reducción de fracciones al mismo denominador como una estrategia general.

En segundo lugar, corresponde al profesor y al libro de texto hacer hincapié precisamente en esta estrategia general. Es posible que los alumnos no vean por qué en el primer caso del párrafo arriba basta con comprobar que 2/3 = 4/6, que es menor que 5/6, y en el segundo tienen que transformar ambas fracciones para comparar 16/24 y 15/24.

En tercer lugar, la escuela puede y debe, con la ayuda de los libros de texto, promover una comprensión profunda de las materias y no solo una visión superficial. Para ello, lo más importante es desarrollar la relación entre los nuevos conceptos y los conocimientos previos del alumno. De este modo, los jóvenes se dan cuenta de la conexión entre los conceptos y son capaces de construir esquemas mentales progresivamente más ricos, con conexiones más sólidas entre las ideas.

En cuarto lugar, para desarrollar una comprensión profunda y evitar las conclusiones superficiales o la pura memorización, el libro de texto debe presentar varios ejemplos que ilustren el mismo concepto, y debe revelar las similitudes entre los ejemplos, para que los alumnos vayan más allá de las distintas estructuras superficiales de los problemas y vean dónde reside su estructura profunda.

Por poner un ejemplo, si las fracciones se comparan siempre con pizzas —¡lo que no es en absoluto una buena práctica!— a los alumnos les resultará más difícil ver las fracciones en la recta numérica.

Por último, los libros de texto deben interrogar con frecuencia al alumno para animarle a establecer una imagen mental de lo que se estudia: ¿Por qué la tabla periódica de los elementos está organizada en líneas? ¿Por qué se dice que la tabla es periódica? ¿Qué elementos son similares? ¿Qué tienen en común los gases raros? Estas imágenes mentales constituirán esquemas de pensamiento progresivamente más ricos y, al mismo tiempo, más abstractos. En otras palabras, proporcionarán al alumno esquemas de pensamiento que podrá transferir a nuevas situaciones.

> **El conocimiento profundo es la mejor ayuda para la transferencia de conocimientos.**

9. Críticas radicales a los manuales escolares

Es cierto que siempre han surgido dudas y críticas, con sugerencias de abandonar las referencias externas en favor de referencias construidas por el profesor y los alumnos. Y es cierto que, como suele ocurrir en los ámbitos sociales, estos movimientos críticos han hecho críticas razonables a los libros de texto, por ejemplo, en cuanto a las intenciones comerciales de las editoriales, que quizá añaden recursos innecesarios, o a la uniformidad cerrada que puede desarrollarse en algunos profesores con menos iniciativa, en lugar de una actitud más abierta y de búsqueda, que incluiría materiales complementarios más modernos. Pero las críticas más radicales a los elementos de referencia tienen su origen en el desprecio por el conocimiento estructurado.

ALGUNAS FUENTES DE LA CRÍTICA

En el último cuarto del siglo XX surgieron diversas visiones educativas radicales enraizadas en Jean-Jacques Rousseau (1712-1778) y de inspiración posmoderna (Buchman, 1982). Desprecian los libros de texto, criticándolos por inducir un conocimiento estructurado, generalizado, uniforme y evaluable, algo que considero esencial, pero que los movimientos posmodernos repudian (véase López Rupérez, 2023).

Este rechazo del libro de texto se basa en el repudio de la educación científica, clásica y erudita, favoreciendo la educación centrada en el alumno que, en su raíz, contradice la educación organizada en asignaturas y, por tanto, los libros de texto basados en asignaturas (Kelly, 1988).

El movimiento de la "escuela moderna", representado en Europa por el pedagogo francés Célestin Freinet (1896-1966), entre otros, difundió en Francia y en el sur de Europa la idea del "texto libre", diseñado e impreso por los propios alumnos[1]. El énfasis en el método más que en el contenido o la "huida del contenido", como lo denominaba Buchman (1982), tiene sus raíces en estas ideas.

Una fuente contemporánea de este ethos se originó en el movimiento estadounidense de reforma de los planes de estudios de los años sesenta. Según esta corriente, los libros de texto eran el epítome del dogmatismo y el aburrimiento, y fomentaban la formación repetitiva y la memorización. Por tanto, provocarían deficiencias en el desarrollo educativo (Taba, 1962, p. 153). Este movimiento tuvo importantes repercusiones en Francia y en países influidos por la cultura francófona, como Portugal, España e Italia. Véanse, en particular, los títulos "Manuels: Danger!" y "Apprendre sans manuels" en los *Cahiers Pédagogiques* nº 132 y nº 164, de 1975 y 1978 respectivamente, fuentes muy consultadas por los pedagogos de nuestros países.

Otra fuente de aversión a los libros de texto es el actual cisma de la innovación curricular y pedagógica, que promueve el cambio constante, la reescritura de los textos (Kincheloe, 1991) y la adaptación a las circunstancias cotidianas y a la clase concreta. Las investigaciones sobre el impacto de estas ideas mostraron pronto sus consecuencias negativas (véanse, por ejemplo, Knight, 1993 y Kirk, 1998).

La idea de la innovación permanente y del profesor como investigador y creador innovador arraigó profundamente y tuvo consecuencias nefastas para la práctica docente. Una de ellas ha sido la minimización de la función organizadora y educativa de los libros de texto.

UNA APROXIMACIÓN RAZONADA

Aceptemos que hay manuales bien construidos y manuales mal construidos; que hay editores que hacen prevalecer los intereses comerciales sobre los objetivos de calidad; que hay textos restrictivos y textos aireados;

---

[1] "L'enfant qui compose un texte le sent naître sous sa main ; il lui donne une nouvelle vie, il le fait sien. [...] l'imprimerie à l'école [...] corrige ce qu'a d'irrationnel en éducation cette croyance que d'autres peuvent créer pour nous notre propre culture" (Célestin Freinet, *Le Journal Scolaire*, 1967).

que hay planteamientos dogmáticos junto a planteamientos abiertos y enriquecedores. En otras palabras, aceptemos como un hecho que hay errores que se pueden eliminar y buenas prácticas que se pueden desarrollar. ¿Cómo hacerlo?

En los libros de texto de Matemáticas y Ciencias, los temas son menos controvertidos, mientras que en las áreas sociales hay temas más delicados. Como dijo un académico estadounidense:

> Los libros de texto son uno de los insumos educativos más importantes: los textos reflejan ideas básicas sobre una cultura nacional y a menudo son un punto álgido de lucha y controversia cultural (Altbach, 1991, p. 257).

No es mi objetivo debatir estas cuestiones aquí, pero reconozco que incluso en los libros de texto sobre temas esencialmente no controvertidos, hay margen para la moderación, la tolerancia y el equilibrio en las perspectivas y en el lenguaje utilizados.

Posiblemente como resultado de la reciente y a veces obsesiva (Foster 2011, p. 13) preocupación por las implicaciones culturales, de género y el repudio de las opiniones misóginas, homófobas o xenófobas (Behnke, 2018), el debate sobre la importancia de los libros de texto en la literatura académica ha sido muy limitado. Como se afirma a menudo, "es sorprendente que haya tan poca investigación sobre los libros de texto" (Woodward, 1993, p. viii). Veinte años después, se vuelve a escuchar la misma queja:

> (...) a pesar de la importancia del empeño, en relación con la investigación educativa general, el ámbito de la investigación sobre libros de texto es extremadamente limitado (Foster, 2011).

Y más recientemente, "la investigación sobre libros de texto sigue siendo un campo de teorización dispersa" (Roldán Vera, 2018, p. 81).

En este contexto, el reciente predominio de las preocupaciones sociales en la literatura de los libros de texto resulta inquietante y restrictivo. Para ver hasta qué punto está extendido el problema, baste decir que la obra moderna más completa sobre el tema, el *The Palgrave Handbook of Textbook Studies* (Fuchs & Boch, 2018), dedica 17 de sus 30 capítulos a temas como los derechos humanos, las visiones de la guerra, la diversidad cultural, el colonialismo y el medio ambiente. Un signo de los tiempos, pero una lamentable limitación.

INTERMEZZO III
- El Ash y el Billingsley -
Profesores y libros de texto

He tenido la suerte en la vida de haber pasado muchos años viviendo en diversos lugares; es cierto que también he trabajado para ello, porque nada en la vida es solo suerte.

Los primeros meses en un lugar nuevo son una fuente diaria de sorpresas. Una de ellas me ocurrió cuando buscaba un libro de texto al empezar mi doctorado. Iba a tener como profesor, y luego como supervisor, a una de las mejores mentes matemáticas que he conocido. Se llamaba Howard M. Taylor, había realizado trabajos pioneros sobre modelos probabilísticos y era muy conocido por haber escrito, con Samuel Karlin, dos libros de texto avanzados sobre procesos estocásticos. Había escrito y escribiría otros libros de texto avanzados utilizados en programas de máster y doctorado. Estaba impaciente por empezar sus clases cuando nos encontramos en el pasillo.

—Profesor, he buscado en la librería de la universidad y no he encontrado el libro de texto de su curso de probabilidad y medida, como debería haber hecho antes de empezar las clases...

El "doctor Taylor" me explicó su preocupación. De repente, el libro de texto que había elegido y que pensaba seguir se había agotado. No se le ocurría recomendar fotocopias, y solo éramos una docena en la clase. Iba a utilizar otro libro de texto. En lugar del *Ash*, iba a utilizar el *Billingsley*. Excepto que el primero tenía una estructura muy clásica. Empezaba con álgebras sigma y medidas de Lebesgue, análisis funcional y solo ciento cincuenta páginas después entraba en medidas de probabilidad. Era perfecto para la asignatura, pero estaba agotado. Había otro que le gustaba, que también era excelente y que ahora iba a seguir. Era el *Billingsley*.

Pero este último tenía una estructura completamente diferente. Empezaba con "fracciones diádicas", pasaba directamente a las medidas de probabilidad, era quizá más difícil, pero estaba extraordinariamente bien estructurado a su manera. Ahora preparaba las clases y organizaba apuntes completamente distintos para guiarse por las clases y los ejercicios, adaptándose al nuevo libro de texto.

Me quedé desconcertado. Me encontraba ante un hombre que podía estructurar rápidamente una asignatura de doctorado, desarrollarla casi sobre la marcha en su cabeza, y que iba a cambiar todos sus planes para adaptarse a un libro de texto universitario escrito por otra persona. ¿Por qué?

También me enfrentaba a un hombre con una capacidad pedagógica fuera de lo común. Un hombre que era capaz de construir con nosotros la demostración de un teorema complejo de una forma que yo nunca había visto antes. Empezaba en la esquina superior izquierda de la pizarra, donde escribía el enunciado del teorema, haciendo hincapié en los supuestos. Después escribía la conclusión del teorema en la esquina inferior derecha. Y construía la demostración simultáneamente de arriba abajo y de abajo arriba, de modo que no solo podíamos entender la lógica, sino también intuir la secuencia de la demostración. Todo este proceso podía durar una hora o más, la pizarra podía estar llena de ecuaciones, pero el razonamiento se completaba de arriba abajo y de abajo arriba, hasta que estaba terminado. Y Howard Taylor lo hacía sin mirar ninguna nota. Tenía páginas y páginas de razonamiento completamente en su cabeza.

Es posible que quienes hayan olvidado o no conozcan una demostración matemática compleja no entiendan este método, pero es excelente para justificar una proposición y, al mismo tiempo, comprender cómo demostrarla. Es excelente para desarrollar la capacidad de seguir la lógica matemática.

Porque era este hombre el que iba a preparar todo el curso desde cero, solo para adaptarlo al libro de texto universitario existente. ¿Por qué?

El "doctor Taylor" me lo explicó:

—Porque un libro de texto bien hecho tiene una estructura difícil de improvisar, porque tiene ejercicios bien elegidos que ayudan a comprender los temas, y porque el libro de texto está hecho para que los alumnos lo lean y lo utilicen.

Continuó explicando: si improvisara una secuencia, correría el riesgo de que, al llegar al teorema X, me diera cuenta de que necesitaba la definición Y, que había olvidado presentar, y el lema Z, que, para una mejor estructuración y comprensión del tema, debería haber introducido mucho antes...

En principio, esto no ocurre con un libro de texto universitario, porque el autor o autores tardan meses o años en escribir su texto, lo piensan, lo revisan, lo ponen a prueba. Lo ponen a prueba con los estudiantes antes de imprimirlo. Luego, en una segunda edición, corrigen los errores y mejoran la exposición.

Pensar que un profesor, por muy bueno que sea, puede saltarse todo este proceso e improvisar él mismo se acerca a la arrogancia y a la irresponsabilidad. Ese ni siquiera es su trabajo. Según Wilkens (2011),

> (...) por la propia naturaleza de la enseñanza, los profesores están más orientados a la actividad que a los objetivos; el currículo y la estructura recaen más fácilmente en los libros de texto que en los profesores.

Los libros de texto no sustituyen al profesor, pero son una ayuda inestimable para su trabajo. Los buenos profesores quieren esta ayuda (Korbey, 2023), porque necesitan tiempo para concentrarse en cómo enseñar y no en crear la secuencia didáctica.

Como dice la directora de la editorial de libros de texto de Matemáticas del famoso "método Singapur", al utilizar buenos libros de texto, los profesores pueden concentrarse en el aprendizaje de los alumnos; así, en lugar de preparar materiales, preparan buenos planes de clase (Tan, 2019). La eficacia del método se puede comprobar en los resultados de este país asiático. Sus alumnos son sistemáticamente los mejores del mundo en evaluaciones internacionales como PISA y TIMSS (Ver Glosario).

> **Los libros de texto singapurenses destacan por su forma organizada, progresiva, estructurada y exigente de explicar las materias.**

Lo mismo puede decirse, y con más propiedad, de la construcción de un currículo. En algunos países, sobre todo en Inglaterra, prevaleció durante algún tiempo la idea de que las escuelas debían definir su propio currículo basándose apenas en las líneas muy generales del currículo nacional. En realidad, las mejores escuelas eligen una secuencia implícita o explícita en los libros de texto. En otras palabras, siguen un plan de estudios detallado que otros han desarrollado. Y eso no tiene nada de malo.

En Portugal y España se ha extendido recientemente la idea de que cada escuela construya su propia adaptación del plan de estudios. Ya hemos hablado de este problema. Una cosa es desarrollar aspectos concretos y añadir temas de interés particular a un plan de estudios, y otra muy distinta practicar una flexibilidad curricular que perjudica a los

© narcea, s. a. de ediciones

alumnos al hacerlos menos exigentes. Y los que proceden de entornos menos privilegiados son siempre los principales perdedores.

Elaborar un plan de estudios es difícil. Requiere equipos multidisciplinares que trabajen duro durante muchos meses o incluso años (Seguin, 1989, p. 9); requiere profesores experimentados en las asignaturas en cuestión y en el nivel escolar correspondiente; requiere profesionales en la materia, por ejemplo, investigadores científicos y profesores universitarios; requiere expertos en análisis curricular.

Elaborar un plan de estudios en una escuela en pocas semanas y solo con lo mejor de sus profesores es irresponsable. Y distrae a los enseñantes de lo que debería ser su preocupación central: cómo impartir un plan de estudios.

10. Cómo elegir un manual escolar

No todos los libros de texto son equivalentes. En un estudio realizado para la administración Obama que se ha citado con frecuencia, Roberto Agodini y sus colaboradores llevaron a cabo un experimento aleatorio con 131 profesores de 39 centros escolares utilizando cuatro libros de texto muy extendidos en Estados Unidos en aquel momento (Agodini et al., 2009). Sus conclusiones apuntan a diferencias significativas entre los libros de texto, diferencias de hasta el 30% de una desviación estándar en la eficacia de los libros de texto para el progreso de los alumnos. Cuando se estudiaron las diferencias debidas a los libros de texto en subgrupos escolares con características similares, las ventajas de los mejores libros de texto alcanzaron entre el 28% y el 71% de la desviación típica, lo que apunta a ventajas equivalentes a uno o dos años de escolarización.

En otras palabras, los libros de texto y los planes de estudios correspondientes pueden equivaler a diferencias en el progreso de los alumnos en uno o dos años de escolarización.

En un estudio anterior, el Banco Mundial estimó que, en 15 de los 24 países estudiados, la disponibilidad de libros de texto era el factor más constante en el éxito escolar y en 13 de los 24 este factor era incluso más importante que la preparación inicial de los profesores (Seguin, 1989, p. 6).

Se sabe también que los manuales más eficientes lo son así para todos los profesores, independientemente de lo conocimiento que poseen, de su actitud fase a los manuales y del nivel de las clases que enseñan (Wiliam, 2018, p. 138).

En un cruce de los resultados del estudio PISA 2009 con la existencia de algún tipo de sistema de control de calidad de los libros de texto, Wilkens (2011) indicó que existía una correlación positiva entre la existencia de dicho control y la calidad de la enseñanza.

Es difícil separar el impacto neto de los profesores sobre el rendimiento de los alumnos; por ejemplo, a través del llamado "valor añadido" (Freitas 2023 pp. 49-58) del impacto inducido por el currículo traducido en los libros de texto que aquellos utilizan (Agodini & Harris, 2016). Los estudios en este ámbito son todavía bastante escasos, aunque revelan que la calidad de los materiales de estudio tiene un impacto apreciable en el aprendizaje de los alumnos.

CRITERIOS PARA EL ANÁLISIS DE LIBROS DE TEXTO

La preocupación por la calidad de los libros de texto viene de lejos. En 1920, el Consejo de Educación de Inglaterra y Gales creó un consejo asesor sobre "Libros en las escuelas públicas y elementales" y asumió la responsabilidad de aconsejar a los profesores sobre la elección de los libros de texto. Por la misma época, en Estados Unidos se formalizó la misma preocupación y surgieron diversos estudios sobre cómo analizar y elegir los libros de texto (Marsden, 2001, cap. 10).

Los diversos trabajos que surgieron entretanto destacaban diversos criterios, pero se centraban esencialmente en unos pocos temas ineludibles:

- Corrección fáctica.
- Solidez académica o científica.
- Organización y presentación coherentes.
- Inclusión de ejercicios y ayudas al estudio.
- Amplia cobertura de temas.
- Claridad y corrección de la redacción.
- Inclusión de ilustraciones esclarecedoras.
- Formato moderno.
- Ausencia de referencias ofensivas.

La guía de la UNESCO sobre libros de texto (Pingel, 2010, p. 71) describe detalladamente diversos criterios de evaluación de los libros de texto. Se centra, como era de esperar dada la naturaleza de la organización, en criterios de respeto histórico y multicultural, pero también establece criterios generales para evaluar los libros de texto. Entre ellos figuran los siguientes:

1) *Componentes del sector de los libros de texto* [...].
2) *Criterios formales:*
   – Referencias bibliográficas [...].
3) *Tipos de texto/método de presentación:*
   – [...].
   – Ilustraciones/fotos/mapas.
   – Tablas/estadísticas.
   – Fuentes.
   – Ejercicios.
4) *Análisis del contenido:*
   – Precisión/exhaustividad/errores de hecho.
   – Retrato actualizado.
   – Selección de temas/énfasis (equilibrio)/representatividad.
   – Grado de diferenciación.
   – Proporción de hechos y puntos de vista/interpretación.
5) *Perspectiva de presentación:*
   – Enfoque comparativo/contrastado.
   – [...].

Tim Oates informa y describe algunos otros países y regiones que cuentan actualmente con prácticas sistemáticas de evaluación de libros de texto: Alberta, Massachusetts, Hong Kong, Singapur y Finlandia (Oates, 2014).

En Estados Unidos, que tiene un sistema educativo muy descentralizado, hay instituciones privadas que prestan servicios de evaluación de recursos escolares, incluidos libros de texto, para profesores, centros y autoridades escolares.

Un ejemplo es *EdReports* (edreports.org), que enumera una serie de criterios muy detallados, entre ellos los siguientes:

- Enfoque y coherencia en torno a los temas centrales de la asignatura y del curso escolar.
- Coherencia de los materiales con los temas de cursos anteriores.
- Visibilidad de los objetivos de aprendizaje.
  • Centrarse en la comprensión de conceptos.
  • Atención al desarrollo de procedimientos y a su fluidez.
  • Referencia a las aplicaciones del tema.
- Equilibrio de los tres aspectos anteriores.
- Énfasis en la comprensión.
- Ejercicios, problemas y tareas apropiados con una secuencia clara y determinada.
- Presentación visual que no distrae ni es caótica.
- Riqueza de los materiales proporcionados al profesor.
- Explicación de los conocimientos previos y organización secuencial de los temas.
- Estrategias para responder a las distintas necesidades de aprendizaje de los alumnos.
- Ayuda para explorar temas más avanzados.
- Variedad de materiales de apoyo, especialmente digitales.
- Apoyo a la evaluación del progreso de los alumnos por parte del profesor.

En varios países, sociedades científicas y asociaciones de profesores han participado en el debate sobre la calidad de los manuales. En una obra colectiva publicada por la Sociedad Matemática Brasileña, SBM, (Lima 2001), encontramos tres elementos que deben tenerse en cuenta al analizar los libros de texto de Matemáticas para la enseñanza secundaria:

- *Conceptualización*, es decir, formulación de definiciones, proposiciones y conexiones.
- *Manipulación*, es decir, destreza en operaciones y procedimientos, incluido el desarrollo de automatismos.
- *Aplicación*, es decir, el uso de las matemáticas en diversos problemas, desde los cotidianos hasta los de otras disciplinas.

En la sección de *conceptualización*, los autores entran en detalle, hablando específicamente de los elementos que consideran:

- Errores: de inatención, de razonamiento, de definición, resultantes de formulaciones vagas y erróneas.
- Formalismo excesivo.
- Idioma.
- Imprecisión.
- Oscuridad.

En Francia, el informe de Villani & Torossian (2018) pedía un comité científico para evaluar los libros de texto. Este comité elaboraría una lista seriada de rasgos de la calidad comparativa de los libros de texto. Sería simplemente indicativa, pero ayudaría a los profesores en su elección.

Entre las recomendaciones de este informe sobre las buenas características de un libro de texto (pp. 55-57) figuran:

- Necesidad de presentar las nociones de forma progresiva.
- Exponer los fundamentos de la materia.
- Incorporar buenos ejercicios de dificultad progresiva.

En la actualidad (2024), el Consejo Científico de la Educación Nacional (CSEN) de la República Francesa estudia de nuevo el problema.

Algunos pedagogos proponen un método de análisis de los libros de texto que parte de su descripción como herramienta pedagógica, preconiza una atención especial al tratamiento de los "conceptos clave" y vuelve a la descripción de la enseñanza preconizada por el libro de texto (Grapin & Mounier, 2018, p. 58).

11. El libro de texto y la política educativa

LAS POLÍTICAS DE LIBROS DE TEXTO EN PORTUGAL

En Portugal, el control estatal sobre los libros de texto y los manuales escolares tiene una larga historia (Magalhães 2011, cap. 2). Pero lo que a menudo existía era un control ideológico o doctrinario. En las décadas de 1980 y 1990 se ensayó el control de calidad y la evaluación sistemática de los manuales escolares. Sin embargo, no fue hasta 2006 cuando el Parlamento portugués aprobó la Ley 47, de 28 de agosto, que estableció un procedimiento sistemático de evaluación y acreditación de los manuales escolares. Esta ley fue regulada por el Decreto-Ley 261/2007, de 17 de julio, simplificado en algunos aspectos procedimentales y burocráticos por legislación posterior en 2012 y 2014. La legislación sigue vigente, tiene características únicas en el panorama europeo (Carvalho & Fadigas 2007) y regula un sistema descentralizado potencialmente muy eficiente.

Al principio, el proceso fue algo controvertido (Sousa & Dionísio, 2011), pero muchos profesores lo consideraron positivo (Sousa & Dionísio, 2010). Hoy en día, puede incluso afirmarse (Crato, 2020, p. 217) que contribuyó de forma importante a mejorar la enseñanza en Portugal entre 2009 y 2015.

Básicamente, en Portugal el proceso comienza cuando organizaciones como departamentos universitarios y sociedades científicas solicitan el estatus de organismos de evaluación y certificación. El Ministerio les concede este estatus verificando una serie de criterios establecidos en la legislación.

Los autores y editores eligen la organización a la que desean presentar sus manuales, tanto si están completos como si aún se encuentran en fase de redacción. Las organizaciones elaboran un informe en el que sugieren o solicitan cambios. Vuelven a comprobar el manual revisado y le conceden o no un certificado.

Hay tres aspectos significativos que enriquecen el proceso. En primer lugar, los editores y autores pueden elegir la organización a la que quieren presentar sus libros de texto entre varias organizaciones certificadas. En segundo lugar, los libros de texto certificados muestran en su portada el nombre de la organización certificadora. En tercer lugar, este proceso suele permitir la existencia de diferentes libros de texto certificados por distintas organizaciones.

Estos tres aspectos dan a los autores y a los centros escolares una gran libertad para producir y elegir libros de texto en el marco de una gama de certificados. Hacen a los organismos certificadores moralmente corresponsables de la calidad de los libros de texto que certifican. Proporcionan a las escuelas información sobre el estilo de los libros de texto. Los certificados por la Sociedade Portuguesa de Matemática, por ejemplo, han adquirido una reputación de rigor y calidad que los certificados por otros organismos no habrán adquirido.

La realidad es que este proceso ha conseguido producir manuales de indudable mejor calidad que los que existían antes. Los errores frecuentes son cosa del pasado y la coherencia ha aumentado. Por desgracia, estos hechos comúnmente reconocidos aún no han sido objeto de los estudios rigurosos que deberían existir. Y lo que es más grave, los aspectos positivos tienden a desvanecerse y la calidad de los libros de texto se pone en peligro cuando los programas y los objetivos fueran sustituidos en 2017/2018 por programas menos rigurosos, basados en los llamados "Aprendizajes Esenciales", que dejan mucho que desear en cuanto a exigencia, desarrollo y rigor.

De un modo u otro, muchos libros de texto siguen siendo el apoyo más riguroso con el que cuentan los profesores, superando en calidad, ambición y rigor a los documentos deficientes curriculares actualmente (febrero 2024) en vigor.

LA POLÍTICA EDUCATIVA DE PORTUGAL Y LOS MANUALES ESCOLARES: ASCENSO, DECLIVE ¿Y AHORA?

Para comprender el papel de la evaluación de los libros de texto en la mejora de la educación en Portugal, es necesario darse cuenta del contexto (Crato, 2024). Desde el principio del siglo XXI hasta 2015, los alumnos han mejorado con una política progresivamente centrada en el conocimiento y apoyada en una evaluación rigurosa de los resultados. Después, desde 2016 hasta la actualidad (2024) los alumnos han empeorado con una política radicalmente opuesta. Los resultados de estas dos políticas son claramente visibles en las puntuaciones de PISA, que miden los conocimientos y capacidades de aplicación de los alumnos de 15 años de edad. La figura 11.1 muestra las evaluaciones de PISA en sus tres áreas principales a lo largo de las ocho ediciones que comenzaron en 2000

Figura 11.1. *Evolución de los resultados de Portugal desde la primera hasta la última encuesta PISA, comparados con los de los 27 países de la OCDE que han participado en todas las ediciones de PISA. Gráficos de la OCDE country note.*

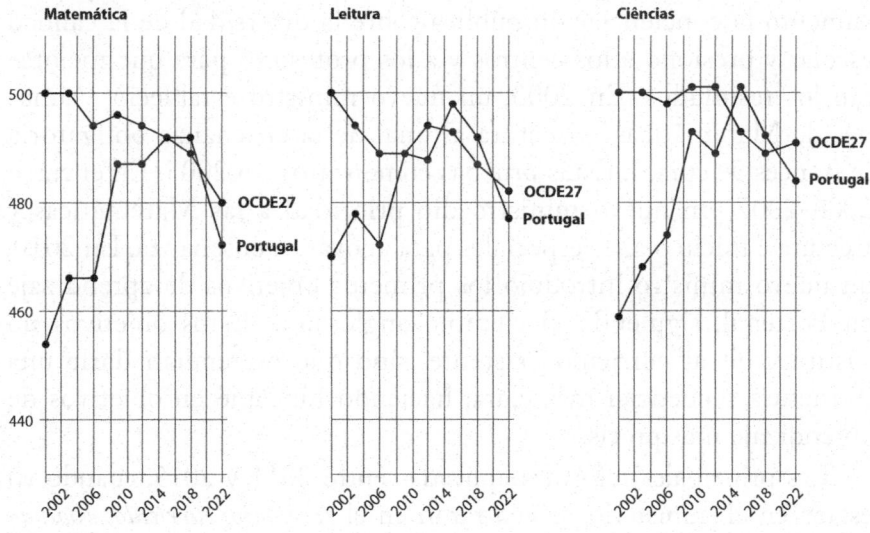

PISA 2022
Evolução das Pontuaçoes Médias

Source: OCDE 2023

Nota. Cabe señalar que se mejoró hasta 2015, en contra de la tendencia a la baja de la OCDE, y después del cambio de política en 2016 empezó una caída pronunciada. Por comparación con los países de la OCDE, las caídas en Matemáticas y Lectura fueran aún más pronunciadas que las de los otros países.

y tuvieron su última encuesta en 2022. Con algunas fluctuaciones, se observa una tendencia al alza hasta 2015, cuando se obtuvieron los mejores resultados de la historia. A partir de entonces se produjo un declive, acentuado por la pandemia, pero no totalmente explicado por ella. De hecho, nuestro país inició el declive aún antes de que la pandemia nos golpeara en 2020.

¿Qué ha ocurrido hasta 2015 para que hayamos mejorado nuestro sistema educativo? La respuesta es sencilla: después de las tristes noticias que recibimos en las evaluaciones internacionales de 1995 y 2000, en las que Portugal quedó en la cola de los países participantes, nuestras políticas educativas se centraron en los resultados de los alumnos, en la mejora del currículo y en la evaluación. Las diversas reformas fueron a veces contradictorias y sirvieron a diferentes propósitos, pero hasta 2015 siguieron esencialmente una dirección: prestar más atención a los resultados. Varios cambios reforzaron esta atención prioritaria a los resultados.

En 2001, el Gobierno se vio obligado por ley a hacer públicos los promedios por centro de los resultados de los exámenes, que hasta entonces se habían ocultado al público. Esto fue decisivo, ya que aumentó la concienciación pública sobre la diversidad de la calidad escolar y presionó a los centros y a los profesores para que mejoraran los resultados. En 2003, un nuevo ministro estableció exámenes de Matemáticas y Lectura al final de la enseñanza obligatoria (entonces 9º curso). Estas pruebas comenzaron en 2005. En el curso 2006-2007, un nuevo ministro dio prioridad a las Matemáticas y Lectura e inició planes especiales para apoyar su enseñanza. En 2010, un nuevo ministro introdujo los primeros objetivos de aprendizaje en Portugal, siguiendo el ejemplo anglosajón. Estos objetivos no sustituyeron al currículo existente, sino que pretendían darle una estructura secuencial más clara, haciendo hincapié en objetivos de aprendizaje más precisos.

Las principales reformas aplicadas entre 2011 y 2015, cuando yo estaba en el ministerio, se centraron en el *trinomio: currículo, evaluación y apoyo.* Mejoramos mucho en varios indicadores, al tiempo que ampliamos sin problemas la educación obligatoria de los 9 a los 12 años; introdujimos el inglés como asignatura obligatoria durante siete años consecutivos; desarrollamos la formación profesional; y redujimos a la mitad el abandono escolar temprano.

Obviamente, esto fue obra de escuelas, profesores, padres y alumnos, y constituyó sin lugar a duda un logro para el país.

> **Pero las políticas cuentan.**
> **Y las políticas importan.**

En 2016, cuando el país ya había salido del difícil periodo del rescate financiero, la nueva mayoría parlamentaria cambió de rumbo. En el ámbito de la educación, se suprimieron dos de las cuatro etapas de la evaluación estandarizada. También se suprimió el examen para los nuevos profesores. El nuevo gobierno criticó ampliamente las directrices anteriores por "elitistas" y "poco realistas". El ministerio adoptó entonces un enfoque centrado en la multidisciplinariedad y las competencias prácticas y evitó la evaluación, que se consideraba que "fomentaba las desigualdades".

A continuación, el gobierno suprimió los programas y objetivos curriculares, sustituyéndolos por "Aprendizajes esenciales" demasiado vagos, poco basados en contenidos disciplinares y mal estructurados.

Esto supuso un enorme cambio en la política educativa. Durante más de 15 años, todos los gobiernos se habían centrado en el currículo y la evaluación. Y nunca, que se recuerde, un gobierno había derogado de un plumazo todos los programas y objetivos curriculares.

El entorno educativo del país cambió por completo, tanto en términos de orientación ministerial como de percepción pública. Está claro que este cambio ha tenido consecuencias.

> **Las políticas importan.**
> **Y las políticas importaban.**

Portugal ha dado marcha atrás. Tras haber abandonado las evaluaciones nacionales periódicas y fiables, el país se vio de nuevo sorprendido por la realidad de las evaluaciones internacionales. La caída de los resultados fue inmediatamente detectada en las evaluaciones internacionales

PIRLS, TIMSS y PISA[1]. Los alumnos de 4.º registraran una caída en lectura en el PIRLS 2016 (- 13 puntos), confirmada por la siguiente caída en el PIRLS 2021 (- 8 puntos) y otra caída en Matemáticas en el TIMSS 2019 (- 16 puntos). Los descensos de 2016 y 2019 se produjeron incluso antes de que la pandemia afectara a los sistemas educativos, por lo que no pueden atribuirse al cierre de escuelas.

Podría decirse que los estudios PISA miden la preparación de alumnos de 15 años, que llevan por tanto nueve años o más en el sistema educativo, y que su preparación ha tenido lugar a lo largo de muchos años, por lo que incluye los efectos de diferentes políticas educativas. La caída, todavía, es significativa. Pero los estudios TIMSS no permiten dudas sobre el efecto de las políticas. Primeramente, los años de enseñanza de los alumnos coinciden con sus cuatro años iniciales, sin escolaridad previa; después, estos estudios coincidieron con los años de cambio de orientación, por lo que aportan una información relevante sobre el impacto de las correspondientes políticas educativas.

En TIMSS 2011, los alumnos de 4º curso obtuvieron resultados medianos. En el TIMSS 2015 se evaluaron otra vez los alumnos de 4º curso. Estos habían entrado en 1º en 2011 y llevaban cuatro años estudiando, durante los cuales se reforzaron las políticas educativas sobre el trinomio ya mencionado: el currículo se hizo más claro y exigente, con nuevos objetivos, se instituyó el examen final de 4º y se incentivó a las escuelas para que ofrecieran apoyo especial a los alumnos con más dificultades. Cuatro años fueron suficientes para apreciar los efectos. Los alumnos que habían entrado en la escuela en 2011 fueron evaluados en 2015 y aprobaron por encima de la media de países con un desarrollo educativo muy superior al nuestro, superando incluso a la entonces mítica Finlandia.

En el TIMSS 2019 se evaluaron los alumnos que entraron en la escuela en 2015 y que padecieron luego la reversión de las políticas, la devaluación del currículo, la supresión de los exámenes finales y la reducción del apoyo cognitivo. Cuatro años fueron suficientes para

---

[1] Ver glosario para PIRLS, TIMSS y PISA. Mientras PISA evalúa los alumnos de 15 años en Matemáticas, Lectura y Ciencias, las otras dos encuestas evalúan los alumnos de 4º en Lectura (PIRLS) y Matemáticas y Ciencias (TIMSS).

observar los efectos de esos cambios. En 2019, mostraron una caída de 16 puntos en TIMSS. Es decir, según las estimaciones internacionales habituales, en cuatro años de estudio estos alumnos perdieron, por comparación con los de la cohorte precedente, el equivalente a casi un año de escolaridad. La Figura 11.2 es muy ilustrativa.

Figura 11.2. *El gráfico muestra las puntuaciones obtenidas en los años referidos en el texto —2011, 2015 y 2019— años en que ambos países participaron en TIMSS.*

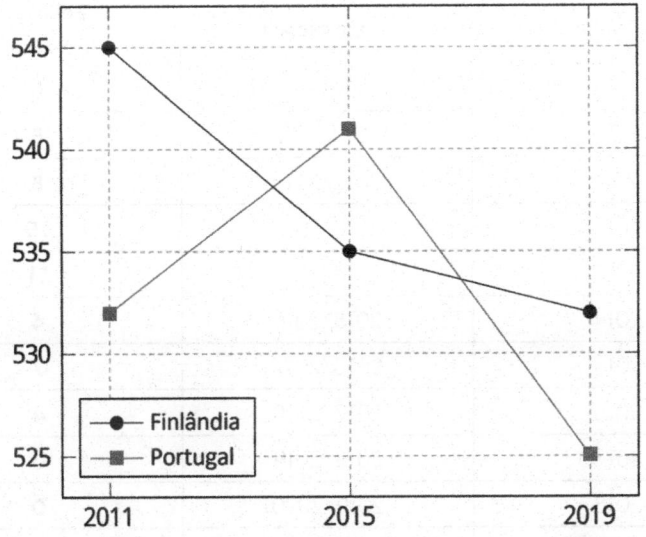

Nota. Los resultados de los alumnos portugueses experimentaron un aumento significativo hasta 2015, superando a la entonces mítica Finlandia, debido a una política educativa centrada en un currículo exigente y estructurado y en la evaluación de los resultados de los alumnos. Cuando esta política cambió a favor de las competencias generales, la evaluación externa fue abandonada y los apoyos cognitivos terminaron, los resultados cayeron.

La política de evaluación y certificación de libros de texto se basa en una ley de 2006 que contó con amplio apoyo parlamentario. Comenzó a ponerse en práctica en 2009 y se reforzó en 2012. La actividad de evaluación y certificación ha contribuido en gran medida a la calidad de la aplicación de la reforma educativa previa al declive antes descrito sobre la base de resultados. Es significativo que, con el abandono de la exigencia de conocimientos sobre las asignaturas, el Gobierno de 2016-2023 también haya reducido la atención prestada a los libros de texto. Así se desprende de la Tabla 11.1. Mientras el número de asignaturas con manuales evaluados y certificados fue subiendo hasta los años 2013/2015, ese número bajó después de 2016, llegando incluso a cero. Esperemos que ahora, tras las elecciones de marzo de 2024, se restablezca una política de planes de estudios exigentes apoyados por libros de texto de alta calidad.

Tabla 11.1. Número de asignaturas con libros de texto nuevos certificados en cada curso escolar		
Año de evaluación	Curso escolar	Beneficios Individuales
2009	2010/2011	6
2010	2010/2012	5
2011	2012/2013	8
2012	2013/2014	16
2013	2014/2015	11
2014	2015/2016	4
2015	2016/2017	7
2016	2017/2018	4
2017	2018/2019	0
2018	2019/2020	0
2019	2020/2021	0
2020	2021/2022	5
2021	2022/2023	8
2022	2023/2024	9

Fuente: DGE, Ministerio de Educación de Portugal.

Nota. Con la introducción del sistema de evaluación de libros de texto, el número de asignaturas con manuales certificados aumentó poco a poco. Se obtuvo un máximo para los años de 2013/2015. Con el cambio de políticas educativas ese número se redujo, incluso a cero.

Finalmente, y como referencia y para mejor entender la reforma introducida en Portugal, que es estudiada con interés en algunos países, especialmente en Francia, se incluye a continuación un Anexo, con los puntos esenciales de la legislación portuguesa al respecto.

ANEXO.
Legislación portuguesa sobre evaluación de libros de texto

Legislación esencial sobre la *evaluación* y *certificación* de los libros de texto escolares.

- **Decreto-Ley 57/87,** de 31 de enero, determina el proceso de adopción de los libros de texto por las escuelas.

- **Decreto-Ley 369/90** crea «comisiones científico-pedagógicas para evaluar la calidad de los libros de texto» en el Ministerio, con el fin de informar las decisiones de adopción por parte de las escuelas.

- **Ley 47/2006,** de 28 de agosto, define el sistema de evaluación, certificación y adopción aplicable a los libros de texto y otros recursos didáctico-pedagógicos para la educación primaria y secundaria. A partir de entonces, la certificación de los libros de texto correrá a cargo de comisiones centrales dependientes del Ministerio o de organizaciones externas debidamente certificadas a tal efecto. Las escuelas tendrán que elegir sus libros de texto entre los manuales certificados.

- **Decreto-Ley 261/2007,** de 17 de julio, regula el sistema de evaluación y acreditación de libros de texto y estipula en su Art. 15 que «Los libros de texto que se adopten se elegirán entre aquellos que, como resultado del proceso de evaluación, hayan obtenido la mención de evaluación de Certificado».

- **Decreto-Ley 258-A/2012,** de 5 de diciembre, simplifica el proceso de certificación de libros de texto y establece criterios de evaluación para la certificación de libros de texto.

- **Decreto-Ley 5/2014,** de 14 de enero - Aprueba el nuevo reglamento de evaluación, certificación y adopción de libros de texto para la enseñanza primaria y secundaria, con el objetivo de reducir la carga burocrática del proceso. Establece que "Los libros de texto que se adopten se elegirán entre aquellos que, como resultado del proceso de evaluación previa, hayan obtenido un 'Certificado'".

Criterios de evaluación de los libros de texto según el Decreto-Ley 258-A/2012, de 14 de enero

1. En términos de rigor lingüístico, científico y conceptual
   a) *En términos de rigor lingüístico:*
      i. Utilizar correctamente la lengua portuguesa (sin errores o faltas sintácticas o morfológicas y siguiendo las reglas consolidadas del funcionamiento de la lengua).
      ii. Utilizar un vocabulario apropiado y un lenguaje adecuado e inteligible.
      iii. Construir un discurso articulado y coherente, obedeciendo a los principios de la lógica.
   b) *En cuanto al rigor científico*
      i. Transmitir información correcta y actualizada que corresponda a conocimientos consolidados, especialmente en el área temática o disciplina.
      ii. Transmitir información sin errores, confusiones o situaciones que induzcan a errores y confusiones.
   c) *En cuanto al rigor conceptual*
      i. No utilizar terminología incorrecta o que no sea de uso común en las disciplinas y áreas temáticas específicas.
      ii. No utilizar conceptos incorrectos e imprecisos en un contexto inadecuado, en el marco de la disciplina y área temática respectivas.

2. En cuanto al cumplimiento de los programas y directrices curriculares
   a) Presentar los conocimientos de la disciplina o área temática de acuerdo con los programas y lineamientos curriculares oficiales vigentes, así como con los objetivos curriculares ya aprobados;
   b) Responder de manera integral y equilibrada a los objetivos y contenidos del programa o lineamientos curriculares, así como a las metas curriculares vigentes.
   c) En caso de conflicto entre el programa o orientaciones curriculares y las metas curriculares vigentes, deberá prevalecer el documento más recientemente aprobado.
   d) Prever la integración transversal de la educación para la ciudadanía.

3. Respecto a la calidad científica y didáctico-pedagógica

© narcea, s. a. de ediciones

a) Proporcionar información adecuada y en lenguaje adaptado al nivel de edad de los alumnos a los que va dirigida.

b) Estar organizado de forma coherente.

c) Presentar las figuras e ilustraciones necesarias y adecuadas, sin errores ni situaciones equívocas.

4. Con respecto a los valores

a) Ausencia de referencias a marcas comerciales de servicios y productos, en la medida en que puedan constituir una forma de publicidad para inducir al uso o consumo por parte de los alumnos del nivel de edad al que va destinado el libro de texto. Esto no se aplica a las marcas visibles en fotografías o textos de situaciones relevantes para la exploración didáctica del contenido, aunque aparezcan en vallas publicitarias del entorno representado.

b) No discriminar ni inducir a discriminaciones de carácter cultural, étnico, racial, religioso o sexual y respetar el principio de igualdad de género.

c) No ser vehículo de propaganda ideológica, política o religiosa.

Final.
El buen uso de los manuales

Puede parecer extraño, pero la mayoría de los alumnos no saben utilizar correctamente un libro de texto. A menudo, los propios profesores tampoco lo hacen, ni animan a sus alumnos a hacerlo. Después de lo que he dicho, lo que considero *malos usos de un libro de texto* puede resumirse en:

- No seguir el contenido de los manuales y no seguir su secuencia expositiva.
- Promover solo ocasionalmente la consulta de libros de texto, o no hacerlo en absoluto.
- Sustituir su uso por materiales dispersos.
- No recomendar resolver los ejercicios y preguntas del manual.

Me dirá el lector que, en las enseñanzas primaria y secundaria, es raro que haya una desviación tan grande de los libros de texto. Y eso es bueno. Pero tenemos que ser conscientes de los efectos de estas *malas prácticas en los alumnos*, que son, como mínimo, los siguientes:

- Memorización de hechos dispersos y de técnicas variadas a partir de notas y materiales múltiples, es decir, aprender memorizando y entrenando mecánicamente los procedimientos.
- Desarrollo de una visión de la disciplina como una colección de reglas prácticas, o incluso de simples trucos.
- Mayor dificultad para dar sentido a los conceptos y procedimientos aprendidos, es decir, no lograr un aprendizaje significativo.

- Preparación mecánica de las evaluaciones, dando prioridad a la memorización de hechos dispersos y procedimientos injustificados.
- Valoración preferente del rendimiento inmediato en lugar del aprendizaje duradero.
- Falta de interés y motivación, porque la memorización mecánica y el desconocimiento de la lógica del aprendizaje difícilmente crean afición por el estudio.
- Devaluación del conocimiento.
- Minimización de la referencia, aunque la referencia rigurosa a una obra, a un documento o a una obra es algo que debe inculcarse a los alumnos poco a poco. *Tal o cual* concepto se define de *tal o cual* manera en *tal o cual* libro, no es un extracto de una fotocopia dudosa lo que debe servir de referencia.

Entonces, ¿qué se puede decir sobre el buen uso de un manual?

Después de tantas páginas, habré fallado mucho si las ideas esenciales que defiendo no resultan ya obvias, o casi. Me limitaré a resumir algunos puntos sencillos, que se aplican tanto a un manual como a otras referencias y textos de apoyo cuando se utilizan.

En primer lugar, creo que es fundamental *tener el manual como referencia,* y no solo como apoyo. Esto significa seguir el contenido y la secuencia del manual en la medida de lo posible. También seguir las definiciones y la notación.

Un error común, aunque más frecuente entre algunos profesores universitarios que, en este aspecto y en otros, reproducen prácticas aún más perniciosas, es no respetar las notaciones de los libros de texto. Si los alumnos leen en el libro de texto que el símbolo $\approx$ representa "aproximadamente igual", no hay ninguna razón para que el profesor utilice el símbolo $\sim$ con el mismo significado. Del mismo modo que no hay razón para que el profesor utilice el símbolo $\neg$ para la negación, cuando el libro de texto utiliza $\sim$, al menos hasta que se consolide el tema. Del mismo modo, si el libro de texto escribe Weierstrass, ¿por qué debería el profesor escribir Weierstraß? ¿Solo para demostrar que sabe alemán?

Pondré un ejemplo de estadística de procesos estocásticos. Los textos escritos por matemáticos y estadísticos designan las diferencias mediante un delta invertido. Poca gente lo sabe, pero el símbolo se llama nabla y tiene este aspecto: ∇. El operador de retardo se representa con una B. Prácticamente no hay página en un artículo o manual sobre series estocásticas donde no aparezcan estos dos símbolos. Para mí tiene todo el sentido del mundo. La nabla (∇) es el símbolo utilizado para el gradiente (derivada vectorial), las diferencias en sucesión son la contrapartida discreta de la derivada en funciones continuas, y la B viene del inglés, *Backwards shift operator*.

Cuando empecé a enseñar a estudiantes de máster de finanzas y econometría, tuve que utilizar libros de texto de estas áreas, donde las diferencias, no sé por qué, se presentan como un delta, y el lag con una L, de *lag*. Esta notación siempre me ha irritado. Pero siempre la he seguido a la hora de enseñar a los alumnos de estas áreas. Si a mí me impacienta cambiar la notación, ¡imagínese la confusión que puede causar a los alumnos utilizar una notación diferente a la de su libro de texto! ¿Queremos añadir una carga cognitiva inútil a los alumnos que se inician en un área, o queremos seguir la notación que ven en su texto de apoyo para que la entiendan de forma más sencilla y empiecen mejor, con lo que importa empezar para comprender el tema?

Además de tener el libro de texto como referencia, creo que es fundamental *utilizar los ejercicios del libro de texto* que has *adoptado*. Puede parecer un punto menor, pero no lo es. Un buen libro de texto tiene ejercicios diseñados para acompañar la exposición y, a menudo, completarla. Un buen libro de texto tiene ejercicios que obligan al alumno a releer el texto para resolver los ejercicios, que refuerzan los conceptos explicados y que, en cada capítulo o sección, se estudian para poder resolverlos con el material explicado hasta el momento y repasar los conceptos uno a uno, asegurando que los alumnos tengan la oportunidad de comprobar que los han entendido. Los ejercicios de otras fuentes no garantizan esto.

Lo que hemos comentado antes sobre el llamado "efecto test" y el "efecto alternancia" nos muestra la extrema importancia de los ejercicios para una comprensión profunda de las materias. Un buen libro de texto tendrá ejercicios de dificultad variable, que obliguen a repasar, volver a entender y comprobar la comprensión, que sigan el tema y lo complementen sabiamente, de modo que ayuden a acelerar y profundizar la comprensión de los distintos temas.

Por último, es necesario *tener el libro de texto como referencia constante*, para que los alumnos se acostumbren a seguir las lecciones, actividades y ejercicios con las partes correspondientes del manual. Esto no significa que no se puedan utilizar otros documentos y elementos externos, pero siempre es el profesor quien debe remitirse a los temas del manual.

A veces los profesores se asombran cuando se dan cuenta de que muchos de sus alumnos ni siquiera han abierto el libro de texto. Cuando estudian, lo hacen solamente a partir de apuntes. Pero no se puede culpar solo a los alumnos:

- ¿Ha hecho el profesor todo lo posible?
- ¿Abrió a menudo el libro de texto en clase y pidió a los alumnos que le siguieran?
- ¿Les dijo alguna vez: "Por favor, abran el libro por la definición de polinomio y vean si la expresión del ejercicio 41 puede clasificarse como polinomio?"
- ¿Alguna vez les recomendó técnicas de comprensión lectora para una sección?
- ¿Les ha dicho alguna vez: "abrid 'La Ciudad y las Montañas' en la primera página y el cuento 'La Civilización', también en la primera página, y lo sentido de lo que dice el libro de texto sobre la escritura de Eça de Queirós en la página 185?".

Es un buen tema para terminar, ¿no? ¿Qué puede haber más noble que aprender de la buena literatura?

¡Que los dioses de los manuales nos ayuden!

Glosario crítico

Aprendizajes esenciales - Documentos curriculares portugueses anunciados en 2017 y que sustituyen a los objetivos curriculares* desde 2018. Se distinguen por ser vagos, poco detallados, poco exigentes y poco estructurados. Pretenden orientar el currículo y la evaluación, aportando menos ambición a la enseñanza. Mientras que los objetivos curriculares ("metas")* detallan el programa y sugieren una progresión de la enseñanza, los aprendizajes esenciales solo destacaban objetivos generales indistintos e imprecisos para traducir las competencias*.

Aprendizaje significativo - Se refiere al aumento de conocimientos que no es puramente declarativo y mecánico, porque corresponde solo a una memorización a la que no se da sentido o no encaja con otros conocimientos, sino que incorpora el nuevo aprendizaje a conceptos, conocimientos y esquemas de pensamiento.

Evaluación - Proceso mediante el cual se comprueban los conocimientos o la capacidad de un alumno con respecto a un punto de referencia determinado. La distinción entre evaluación formativa*, sumativa* y de otro tipo suele ser artificial, ya que una prueba de evaluación sumativa* también contribuye a reforzar los conocimientos. A menudo es más preciso hablar de evaluación *puramente* formativa y de evaluación con un *objetivo principalmente* sumativo.

Evaluación formativa - Proceso por el que se confronta al alumno con sus conocimientos o capacidades, con el objetivo de ayudarle a progresar en relación con dichos conocimientos o capacidades.

Evaluación sumativa - El proceso de evaluar lo que un estudiante ha logrado en términos de conocimientos o habilidades en relación con ciertos puntos de referencia, con el objetivo de otorgar una calificación.

Evaluación diagnóstica - Proceso mediante el cual se evalúa el estado o la capacidad cognitiva de un alumno, una clase, un aula, un centro o un curso escolar con fines informativos. Suele utilizarse al inicio de un curso o etapa escolar para adaptar el ritmo de estudio al estado del alumno.

Capacidades - Término que en portugués de Portugal se entiende como traducción del inglés *skills*, es decir, la habilidad para realizar una determinada tarea, a veces identificada con capacidad procedimental. En Brasil prefieren *habilidades,* ya que muchos psicólogos identifican las capacidades como algo más estable, posiblemente inherente a la persona, y las habilidades como algo que la persona puede desarrollar. Sin embargo, dado que en Portugal las habilidades se asocian a menudo con el engaño o las habilidades acrobáticas, se ha preferido frecuentemente el término capacidades.

Competencias - Término poco definido en educación. Suele entenderse como una traducción del inglés *skills*, que en portugués puede identificarse con capacidades* o Habilidades*. Sin embargo, a menudo aparece como un término genérico que engloba tanto conocimientos como capacidades*/habilidades*. Si aparece en sentido estricto, puede tener sentido hablar de conocimientos y competencias. Si aparece en sentido amplio, será completamente diferente. Por estas razones, es una palabra que en portugués no se utilizo en educación (solo en un sentido jurídico o de otro tipo), prefiriendo decir "conocimientos y capacidades".

Currículo - Programa de estudios de una escuela, grupo de escuelas o país, desglosado por niveles y asignaturas. El currículo escolar obligatorio se define tradicionalmente mediante programas*, que se aprueban por orden ministerial. A veces se añaden a los programas* los llamados objetivos curriculares (metas)*. Recientemente, en Portugal, se añadieron los aprendizajes esenciales* en sustitución de los otros documentos y eso ha tenido resultados muy negativos para la educación en Portugal.

El currículo tiene varios significados. Hablamos del currículo *prescrito, dirigido* o *recomendado*, del currículo *apoyado* (por libros de texto y otros documentos), del currículo *enseñado*, que es el que realmente se practica, del currículo *alcanzado*, que consiste en el aprendizaje logrado por los alumnos, y también de otros conceptos relacionados (Glatthorn, 2000, cap. 10; Valverde et al., 2002, pp. 5 y ss.).

La IEA (International Association for the Evaluation of Educational Achievement) en Mullis & Martin (2017) distingue tres componentes: el *currículo pretendido* ("intencional"), el currículo realizado ("implementado") y el *currículo logrado* ("alcanzado").

Dualidad (de Paivio) - Teoría científica que afirma que la mente humana tiene dos canales para recibir información, uno verbal, o lenguaje simbólico, y otro de imágenes o impresiones de la realidad. Los elementos de información verbal se denominan a veces *logogenes* y los elementos de información visual u otras impresiones de la realidad se denominan *imagenes*.

Educación Básica - En Portugal, enseñanza que va del 1º al 9º año de escolaridad. Se divide en tres ciclos: el primero, de 1º a 4º; el segundo, de 5º a 6º; y el tercero, de 7º a 9º. Corresponde a lo que en la terminología internacional se divide en elemental (normalmente de 1º a 4º o 5º) y medio (normalmente de 5º o 6º a 9º). La terminología y los ciclos existentes en Portugal derivan de la evolución de la enseñanza obligatoria en nuestro país y de la intención de evitar el término "primaria", considerado peyorativo debido al preciosismo lingüístico-político de algunos medios educativos.

Educación Obligatoria - Educación a la que un joven está obligado a asistir hasta un determinado año de escolarización o edad. Desde 2012, la enseñanza obligatoria en Portugal se prolonga hasta que el joven termina el 12º año de escolaridad o alcanza la mayoría de edad (18 años).

Formación Profesional - Es un tipo de educación orientada a la formación para una profesión específica, y es uno de los itinerarios de educación secundaria destinados a formar a los jóvenes para una profesión. Se distingue por ofrecer una doble cualificación: una cualificación educativa y una cualificación profesional. Permite continuar estudios postsecundarios o incorporarse inmediatamente al mercado laboral para trabajar en una profesión técnica, como agente de viajes, técnico de turismo, auxiliar de hospital, soldador, fotógrafo u otra. Internacionalmente también se denomina Formación Profesional.

Educación Secundaria - En Portugal incluye los cursos 10º, 11º y 12º. Corresponde a la terminología internacional.

Examen - Evaluación sumativa* de un alumno con el objetivo de registrar el progreso, la retención o el cambio de curso del alumno (V. *high stakes**).

Habilidades - Ver capacidades*.

High-stakes - Calificación en inglés que denota el carácter determinante de una evaluación, condicionando el progreso o el fracaso en una etapa determinada. Normalmente, *high-stakes evaluation* equivale al término "examen*".

IAVE, Instituto de Avaliação Educativa - Entidad pública portuguesa creada en 2013 (D-L 102/2013, de 25 de julio), con mayor autonomía que la anterior Dirección General del Ministerio encargada de la elaboración de pruebas y exámenes (GAVE). El IAVE se creó con el objetivo de lograr una mayor autonomía técnica, pedagógica y científica y una mayor independencia del poder político. Queda cuestionable hasta qué punto se ha logrado este objetivo y hasta qué punto el IAVE ha seguido siendo permeable a las presiones políticas.

Low-stakes - Calificación en inglés que denota el carácter únicamente informativo de una evaluación y no determina el progreso o el fracaso en una etapa determinada. Un ejemplo portugués son las Pruebas de evaluación*.

Libro de texto o **Manual escolar** – Libro, impreso o digital, dedicado total o parcialmente al aprendizaje del alumno de una materia concreta, en una etapa determinada del currículo, escrito para apoyar la práctica docente en la relación profesor-discípulo y para ser leído y utilizado por el alumno. En Portugal, la Ley 47/2006, de 28 de agosto, en su artículo 3 b), define el libro de texto escolar como "el recurso didáctico-pedagógico pertinente, aunque no exclusivo del proceso de enseñanza y aprendizaje, diseñado por curso o ciclo, para apoyar el trabajo autónomo del alumno, que tiene por objeto contribuir al desarrollo de las competencias y aprendizajes definidos en el currículo nacional de la educación básica y de la educación secundaria, presentando la información correspondiente a los contenidos básicos de los programas vigentes, así como propuestas de actividades didácticas y de evaluación de los aprendizajes, pudiendo incluir orientaciones de trabajo para el profesor".

Anteriormente, los Decretos-Ley 57/87, de 31 de enero, y 369/90, de 26 de noviembre, habían ofrecido definiciones similares. El primero destacaba el carácter «estructurado», la «progresión sistemática» y la «organización del aprendizaje» y el segundo las actividades de «aplicación y evaluación».

Memoria a largo plazo - Sistema cognitivo que almacena información, incluyendo esquemas de pensamiento, habilidades procedimentales y otros, durante largos períodos de tiempo, en algunos casos para siempre. La memoria a largo plazo es prácticamente ilimitada, y las limitaciones en su uso se deben principalmente a las dificultades para recuperar la información (Oliveira 2016).

Memoria de trabajo - Sistema cognitivo que manipula conscientemente la información. En palabras de la psicóloga Célia Oliveira (2016), se trata de un "sistema multicomponencial con capacidad limitada, responsable de gestionar y retener temporalmente la información mientras se realizan actividades cognitivas complejas". Este sistema es muy limitado, pudiendo manipular conscientemente entre tres y siete unidades diferentes de información.

Objetivos curriculares (metas) – Documento que detalla los temas que deben tratarse por asignatura y curso, etapa por etapa. Expone el programa* que lo sustenta, desarrollando un itinerario pedagógico lógico, aunque puede reconocer posibles alternativas, y especifica objetivos concretos de aprendizaje. Fueron introducidos en Portugal por iniciativa de la ministra Isabel Alçada y desarrollados por el siguiente equipo ministerial a lo largo de los años 2011 a 2015. Fueran abolidos en 2019, pero muchos profesores continúan utilizándolos, ya que son una ayuda poderosa a la docencia.

PIRLS - Acrónimo de Progress in International Reading Literacy Study (Estudio Internacional de Progreso en Competencia Lectora), evalúa la denominada competencia lectora de los alumnos de 4º curso. El estudio lo realiza la IEA (International Association for the Evaluation of Educational Achievement) cada cinco años y se aplicó por primera vez en 2001.

PISA - Acrónimo de Programme for International Student Assessment (Programa para la Evaluación Internacional de Alumnos), es un programa organizado por la OCDE (Organización para la Cooperación y el Desarrollo Económico) que se celebra cada tres años desde el año 2000 y que evalúa los conocimientos y competencias de los alumnos de 15 años de cada país en tres áreas clave: Matemáticas, Lectura y Ciencias. Excepcionalmente, han transcurrido cuatro años entre las encuestas de 2018 y 2022, debido a la pandemia. Portugal y España han participado en PISA sin interrupción desde su creación.

Programa - Es la expresión oficial del plan de estudios a través de un documento que define los objetivos pedagógicos de la asignatura y del curso escolar en cuestión y los temas principales que deben desarrollarse. Un programa puede ser más o menos detallado, más o menos prescriptivo, pero es el principal documento curricular de cada asignatura y curso escolar.

Prueba de evaluación - Evaluación de los alumnos realizada únicamente con fines informativos y no sumativos. Las pruebas de evaluación pueden realizarse por muestreo, publicarse únicamente los resultados globales de los alumnos de un curso escolar o publicarse los resultados por centro, por clase o por alumno.

Prueba final - Evaluación sumativa* al final del ciclo de estudios de un alumno con el objetivo de registrar y posiblemente decidir su progreso o su cambio de trayectoria escolar.

TIMSS - Trends in International Mathematics and Science Study (Tendencias en el Estudio Internacional de Matemáticas y Ciencias) es una evaluación internacional del rendimiento de los alumnos de 4º y 8º curso en Matemáticas y Ciencias, desarrollada por la IEA (International Association for the Evaluation of Educational Achievement) cada cuatro años desde 1995. Portugal participó en la primera edición, en la que obtuvo resultados muy bajos, lo que llevó al Gobierno de la época a interrumpir su participación. Portugal volvió a TIMSS en 2011 y participó en las siguientes ediciones, en 2015 y 2019. En 2015 obtuvo resultados superiores a la media, pero en 2019 retrocedió a niveles inferiores a los de 2011.

Referencias bibliográficas*

Agodini, R., Harris, B., Atkins-Burnett, S., Heaviside, S., Novak, T., Murphy, R.., & Pendleton, Audrey (2009). *Achievement Effects of Four Early Elementary School Math Curricula: Findings from First Graders in 39 Schools* (NCEE 2009-4052). National Center for Education Evaluation and Regional Assistance. Institute of Education Sciences. U.S. Department of Education.

Agodini, R. & Harris, B. (2016). How teacher and classroom characteristics moderate the effect of four elementary math curricula. *Elementary School Journal 117*(2), 2016-236.

Almond, N. (2020). Curriculum coherence: How best to do it. In C. Sealy, *The Curriculum: An Evidence-Informed Guide for Teachers* (pp. 59-69). John Catt Educational.

Altbach, Ph.G. (1991). Textbooks: The International Dimension. In M. Apple, W., & L.K. Christian-Smith, *The Politics of Textbooks* (pp 242–258). Routledge.

Amalric, M., Roveyaz, P., & Dehaene, S. (2023). Evaluating the impact of short educational videos on the cortical networks for mathematics. *PNAS 120*(6) e2213430120. https://doi.org/10.1073/pnas.2213430120

American Psychological Association (2020). *Publication manual of the American Psychological Association: The official guide to APA style* (7th ed.). American Psychological Association.

Ausubel, D. (1960). The use of advance organizers in the learning and retention of meaningful verbal material. *Journal of Educational Psychology, 51*, 267-272.

Ausubel, D. (1963*). The Psychology of Meaning Verbal Learning*. Brune & Stratton.

Ausubel, D. & Robinson, F.G. (1969). *School Learning: An Introduction to Educational Pedagogy*. Holt, Rinehart and Winston.

---

* Todos los hipervínculos que aparecen en estas Referencias han sido revisados con fecha 3 de julio de 2024.

Behnke, Y. (2018). Textbook Effects and Efficacy. In E. Fuchs, & A. Bock (eds.). *The Palgrave Handbook of Textbook Studies*. Palgrave Macmillan. https://doi.org/10.1057/978-1-137-53142-1_28

Bjork, R.A. (1975). Retrieval as a memory modifier. In R. Solso (ed.), *Information processing and cognition: The Loyola Symposium* (pp. 123–144). Lawrence Erlbaum Associates.

Bjork, E.L., & Bjork, R.A. (2014). Making things hard on yourself, but in a good way: Creating desirable difficulties to enhance learning. In M.A. Gernsbacher, & J. Pomerantz (eds.), *Psychology and the real world: Essays illustrating fundamental contributions to society* (2nd ed., pp. 59-68).

Bruce, B.K., Gulgoz, S., & Glynn, S. (1993). Impact of Good and poor writing on learners: research and theory. In B.K., Bruce, A., Woodward, & M. Binkley (eds.). *Learning from textbooks: Theory and Practice*. Routledge.

Buchman, M. (1982). The flight away from content in teacher education and teaching. *Journal of Curriculum Studies 14*(1), 61-68.

Calarco, J.M. (2014). Coached for the Classroom: Parents' Cultural Transmission and Children's Reproduction of Educational Inequalities. *American Sociological Review, 79*, 1015-1037. https://doi.org/10.1177/0003122414546931

Carvalho, A.D. & Fadigas, N. (2007). *O Manual Escolar no Século XXI: Estudo Comparado da Realidade Portuguesa no Contexto de Alguns Países Europeus*. ORE – Observatório dos Recursos Educativos. https://ww.observatorio.org.pt

Carvalho, Mª da G. (2010). *O Manual Escolar como Objeto de Design*. [Tese Doutoramento em Design, Faculdade de Arquitetura da Universidade Técnica de Lisboa]. https://www.repository.utl.pt/bitstream/10400.5/2791/1/Tese%20vol.1%20CD.pdf

Carvalho, R. de (1986). *História do Ensino em Portugal desde a Fundação da Nacionalidade até ao Fim do Regime de Salazar-Caetano*. Fundação Calouste Gulbenkian.

Choppin, A. (1991). *Les manuels scolaires. Histoire et actualité*. Hachette.

Christodoulou, D. (2014). *Seven Myths About Education*. Routledge.

Claracq, I., Fayol, M., & Vilette, B. (2023). Réduire les inégalités en résolution de problèmes. Travailler la compréhension avant les données numériques, *L'Année Psychologique, 123*, 49-79.

Clark, J.M., & Paivio, A. (1991). Dual coding theory and education, *Psychological Review, 3*, 149-210. https://doi.org/10.1007/BF01320076

Crato, N. (2006). *O 'Eduquês' em Discurso Directo: Uma Crítica da Pedagogia Romântica e Construtivista*. Gradiva.

Crato, N. (2020). Curriculum and Educational Reforms in Portugal: An Analysis on Why and How Students' Knowledge and Skills Improved. In F.M. Reimers (ed.) *Audacious Education Purposes*. Springer. https://doi.org/10.1007/978-3-030-41882-3_8

Crato, N. (2021). Setting up the scene: Lessons learned from PISA 2018 statistics and other international student assessments. In N. Crato (ed.), *Improving a Country's Education: PISA 2018 Results in 10 Countries.* Springer. https://doi.org/10.1007/978-3-030-59031-4_1

Crato, N. (2022). Math curriculum matters: Statistical evidence and the Portuguese experience. *European Mathematical Society Magazine, 124,* 49–56. DOI 10.4171/MAG/83

Crato, N. (2024). The role of textbooks in improving education in Portugal. In C. McLauglin, & A. Ruby (eds.), *Politics and Knowledge Shaping Educational Reform: Cases from Around the Globe.* Cambridge University Press.

Daley, N., & Rawson, K. A. (2021). Effects of elaborations included in textbooks: Large time cost, reduced attention, and lower memory for main ideas. *Educational Psychology Review, 33,* 1165-1189. https://doi.org/10.1007/s10648-020-09553-x

Eng, C.M., Godwin, K.E. & Fisher, A.V. (2020). Keep it simple: streamlining book illustrations improves attention and comprehension in beginning readers. *npj Science of Learning, 5,* 14. https://doi.org/10.1038/s41539-020-00073-5

Enkvist, I.K (2022). *Conocimiento en Crisis: Las Ideologías en la Educación Actual con Ejemplos de Suecia.* Tecnos.

Foster, S. (2011). Dominant Traditions in International Textbook Research and Revision. *Education Inquiry, 2*(1), 5–20.

Freitas, P. (2023). *Economia da Educação: Um Olhar sobre o Sistema Educativo Português.* Fundação Francisco Manuel dos Santos.

Fuchs, E., & Bock, A. (eds.) (2018). *The Palgrave Handbook of Textbook Studies.* Springer Nature.

García Fernández, O., & Galindo Ferrández, E. (2024). *Aprendizaje Basado en Proyectos: Un aprendizaje basura para el proletariado.* Akal.

Geven, S., Wiborg, Øyvind N., Fish, R.E., & van de Werfhorst, H.G. (2021). How teachers form educational expectations for students: A comparative factorial survey experiment in three institutional contexts. *Social Science Research, 100,* 1-20. https://doi.org/10.1016/j.ssresearch.2021.102599

Glatthorn, A. (2000). *The Principal as Curriculum Leader: Shaping What Is Taught & Tested* (2nd ed.). Corwin Press.

Glaesser, J. (2019). Competence in educational theory and practice: a critical discussion. *Oxford Review of Education, 45*(1), 70-85, DOI: 10.1080/03054985.2018.1493987

Gomendio, M., & Wert, J.I. (2023). *Dire Straits: Education Reforms, Ideology, Vested Interests, and Evidence.* Open Book Publishers.

Gick, M.L. & Holyoak, K.J. (1980). Analogical problem solving. *Cognitive Psychology 12,* 306-355.

Grapin, N., & Mounier, É. (2018). Méthodologie d'analyse de manuels et étude de "Méthode de Singapour"-CP. *GRAND N. 102,* 57-92.

Higham, N.J. (1998). *Handbook of Writing for the Mathematical Sciences.* SIAM.

Hyland, T. (2014). Competence. In D.C. Phillips (ed.), *Encyclopedia of Educational Theory and Philosophy*, Vol. 1. Sage.

Ivić, I., Pešikan, A., & Antić, S. (Eds.) (2013). *Textbook Quality: A Guide to Textbook Standards* (Eckert. Expertise). GoettiV&R Unipress.

Johnsen, L.L, Whalheim, C.N., & Coane, J.H. (2010). Test-enhanced learning of natural concepts: effects on recognition memory, classification, and metacognition. *Journal of Experimental Psychology: Learning, Memory, and Cognition, 36*, 1441-1442.

Johnsen, Egil Børre (2001). *Textbooks in the Kaleidoscope: A Critical Survey of Literature and Research on Educational Texts* (Translated by Linda Sivesind). Tønsberg: Vestfold College.

Kalyuga, S., Ayres, P., Chandler, P., & Sweller, J. (2003). The Expertise Reversal Effect. *Educational Psychologist, 38*, 23-31.

Kang, S.H.K. & Pashler, H. (2012). Learning painting styles: Spacing is advantageous when it promotes discriminative contrast. *Applied Cognitive Psychology, 26*, 97-103.

Kincheloe, J.L. (1991). *Teachers as Researchers: Qualitative Enquire as a Means of Empowerment.* Falmer Press.

Kirschner, P.A., & Hendrick, C. (2020). *How Learning Happens: Seminal Works in Educational Psychology and What They Mean in Practice.* Routledge.

Kirschner, P.A., Hendrick, C., & Heal, J. (2022). *How Teaching Happens: Seminal Works in Teaching and Teaching Effectiveness and What They Mean in Practice.* Routledge.

Kirk, D. (1998). Ideology and school-centred innovation: A case study and a critique. *Journal of Curriculum Studies, 20*(5), 449-464.

Knight, P. (1993). *Primary Geography, Primary Histor.* David Fulton.

Korbey, H. (2023). Should textbooks still play a role in schools? *Edutopia.* https://www.edutopia.org/article/should-textbooks-still-play-a-role-in-schools

Leeming, F.C. (2002). The exam-a-day procedure improves performance in psychology classes. *Teaching of Psychology, 29*, 210–212.

Leite, I., & Leite, C. (Coords.) (2022). *Como estão a ser preparados os futuros professores para o ensino da leitura e da escrita?* Fundação Belmiro de Azevedo. https://www.edulog.pt/publicacao/45

Lima, E.L. (ed.). (2001). *Exame de Textos: Análise de Livros de Matemática para o Ensino Médio.* SBM – Sociedade Brasileira de Matemática.

Lopes, J.A. et al. (2014). *Ensino da leitura no 1.º ciclo do ensino básico: Crenças, conhecimentos e formação dos professores.* Fundação Francisco Manuel dos Santos. https://ffms.pt/sites/default/files/2022-07/ensino-da-leitura-no-1o-ciclo-do-ensino-basico.pdf

López Rupérez, F. (2020). *El currículo y la educación en el siglo XXI. La preparación del futuro y el enfoque por competencias.* Narcea

López Rupérez, F. (2023). *Los libros de texto y la transformación digital.* ANELE. https://anele.org/wp-content/uploads/2023/10/LOS-LIBROS-DE-TEXTO-Y-LA-TRANSFORMACION-DIGITAL-231006v1.pdf

Luri, G. (2022). *La Escuela no es un Parque de Diversiones: Una Defensa del Conocimiento Poderoso.* Ariel.

Magalhães, J. (2011). *O Mural do Tempo: Manuais Escolares em Portugal.* Edições Colibri.

Magalhães, J. (2006). O Manual escolar no quadro da história cultural: para a historiografia do manual escolar em Portugal. *Sísifo/Revista de Ciências da Educação, 1,* 5-14.

Marsden, W. (2001). *The School Textbook: Geography, History and Social Studies.* Routledge.

Massó Aguadé, X. (2021). *El Fin de la Educación: La Escuela que Dejó de Ser.* Akal.

Mayer, R.E. (2021). *Multimedia Learning,* (3rd ed.). Cambridge University Press.

Messick, S. (1984). The psychology of educational measurement. *Journal of Educational Measurement, 21,* 215–237.

Moreno Castillo, R. (2006). *Panfleto Antipedagógico.* Lector.

Mullis, I.V.S., & Martin, M.O. (eds.) (2017). *TIMSS 2019 Assessment Frameworks.* http://timssandpirls.bc.edu/timss2019/frameworks/

Murphy, D.H., Little, J.L., & Bjork, E.L. (2023). The Value of Using Tests in Education as Tools for Learning—Not Just for Assessment. *Educational Psychology Review, 35,* 89. https://doi.org/10.1007/s10648-023-09808-3

Murre, J.M.J., & Dros, J. (2015). "Replication and Analysis of Ebbinghaus' Forgetting Curve". *PLOS ONE, 10*(7): e0120644. doi:10.1371/journal.pone.0120644.

Myatt, M. (2018). *The Curriculum: Gallimaufry to Coherence.* John Catt Educational.

NIH, National Institutes of Health (2023). *What are competencies?* https://hr.nih.gov/about/faq/working-nih/competencies/what-are-competencies

Oates, T. (2014). *Why Textbooks Count: A Policy Paper.* University of Cambridge Local Examination Syndicate. http://www.cambridgeassessment.org.uk/images/181744-why-textbooks-count-tim-oates.pdf

OECD (2005). *The Definition and Selection of Key Competencies: Executive Summary.* https://www.oecd.org/pisa/definition-selection-key-competencies-summary.pdf

OCDE (2018). *The Future of Education and Skills. Education 2030.* https://www.oecd.org/education/2030/E2030%20Position%20Paper%20(05.04.2018).pdf

Oliveira, C.R.G. (2016). Aprendizagem e memória: Intersecções e implicações para a prática pedagógica, *Revista de Estudos Curriculares, 7*(1), 85-110.

Pingel, F. (2010). *UNESCO Guidebook on Textbook Research and Textbook Revision.* (2nd ed.). Unesco.

Priouret, J. (1981). Le statut du manuel scolaire dans l'enseignement contemporain. In G. Mialaret, & J. Vial, *Histoire Mondiale de l'Éducation,* vol. 4. Presses Universitaires de France.

Rato, J. (2023). *Mente, Cérebro e Educação*. Fundação Francisco Manuel dos Santos.

Roediger, H.L., III, & Karpicke, J.D. (2006a). Test-enhanced learning: Taking memory tests improves long-term retention. *Psychological Science, 17*(3), 249-255. doi:10.1111/j.1467-9280.2006.01693.x

Roediger, H.L., III, & Karpicke, J.D. (2006b). The power of testing memory: Basic research and implications for educational practice. *Perspectives on Psychological Science, 1*(3), 181-210. doi:10.1111/j.1745-6916.2006.00012.x

Roldán Vera, E. (2018). Textbooks and education. In E. Fuchs, E. & A. Bock (eds.), *The Palgrave Handbook of Textbook Studies*. Springer Nature.

Ruiz Martín, H. (2020). *Conoce tu Cerebro para Aprender a Aprender*. ISTF.

Sammler, S. (2018). History of the school textbook. In E. Fuchs, & A. Bock (eds.) (2018). *The Palgrave Handbook of Textbook Studie*. Springer Nature.

Schmidt, W.H., et al. (2001). *Why Schools Matter: A Cross-National Comparison of Curriculum and Learning*. Jossey Bass.

Schmidt, W.H., & Houang, R.T. (2014). US mathematics textbooks in the common core área: A first look. In K. Jones, Ch. Bokhove, G. Howson, & L. Fan (eds.) *Proceedings of the International Conference on Mathematics Textbook Research and Development* (ICMT-2014). University of Southampton.

Sealy, C. (2020). *The Curriculum: An Evidence-Informed Guide for Teachers*. John Catt Educational.

Seguin, R. (1989). *The Elaboration of School Textbooks, Methodological Guide*. Division of Educational Sciences, Contents and Methods of Education. UNESCO.

Spencer, L.M., & e Signe M. Spencer (1993). *Competences at Work: Models for Superior Performance*. Wiley.

Springer (2023). Writing a textbook, online. https://www.springer.com/gp/authors-editors/book-authors-editors/your-publication-journey/writing-a-textbook

Soderstrom, N.C., & Bjork, R.A. (2015). Learning Versus Performance: An Integrative Review. *Perspectives on Psychological Science, 10*(2), 176-199. https://doi.org/10.1177/1745691615569000

Sousa, J., & Dionísio, M.deL. (2010). *Evaluation and selection of textbooks in Portugal: Perceptions from mother tongue teachers*. IARTEM. https://repositorium.sdum.uminho.pt/handle/1822/30361

Sousa, J., & Dionísio, M.deL. (2011). *Between the market and the school: Textbook approval, selection and evaluation in Portugal*. IARTEM. https://repositorium.sdum.uminho.pt/handle/1822/12663

Stray, Ch. (1994). Paradigms regained: Toward a historical sociology of the textbook. *Journal of Curriculum Studies 26*(1), 1-29.

Strunk, W., & White, E.B. (2000). *The Elements of Style* (4th ed.). Longman.

Sung, E., & Mayer, R.E. (2012). When graphics improve liking but not learning from online lessons. *Computers in Human Behavior, 28*, 1618-1625. https://doi.org/10.1016/j.chb.2012.03.026.

Taba, H. (1962). *Curriculum development. Theory and practice.* Harcourt.

Tan, J. (2019). *Comunicación verbal a Second Cambridge Textbook Summit,* Reykjavik.

Valverde, G.A., Bianchi, L.J., Wolfe, R.G., Schmidt, W.H., & Houang R.T. (2002). *According to the Book: Using TIMSS to investigate the translation of policy into practice through the world of textbooks.* Kluwer Academic Publishers. https://doi.org/10.1007/978-94-007-0844-0

Roldán Vera, E. (2018). Textbooks and education. In E. Fuchs, & A. Bock (eds), *The Palgrave Handbook of Textbook Studies.* Springer Nature.

Villani, C., Torossian, Ch. (2018). *21 mesures pour l'enseignement des mathématiques.* Ministère de l'Éducation Nationale. http://cache.media.education.gouv.fr/file/Fevrier/19/0/Rapport_Villani_Torossian_21_mesures_pour_enseignement_des_mathematiques_896190.pdf

Wiliam, D. (2017). I've come to the conclusion Sweller's Cognitive Load Theory is the single most important thing for teachers to know <http://bit.ly/2kouLOq>, tweet, viewed 24 March 2017, https://twitter.com/dylanwiliam/status/824682504602943489.

Wiliam, D. (2018). *Creating the Schools our Children Need.* Learning Sciences.

Wilkens, H.J. (2011). Textbook approval systems and the Program for International Assessment (PISA) Results. A preliminary analysis, *IARTEM e-Journal 4,* 63-74.

Willingham, D. (2021). *Why Don't Students Like School: A Cognitive Scientist Answers Questions About How the Mind Works and What it Means for Classroom* (2nd ed.). Wiley.

Willingham, D. (2023). *Outsmart Your Brain: Why Learning Is Hard and How You Can Make It Easy.* Gallery Books.

Woodward, A. (1993). Introduction: Learning from textbooks. In Britton B.K., A. Woodward, & M. Binkley (eds.) (1993), *Learning from textbooks: Theory and Practice.* Routledge.

COLECCIÓN
«POLÍTICA EDUCATIVA»

Una Colección que pretende esclarecer la visión de una política educativa para el siglo XXI y descender al análisis de las políticas prioritarias. Dirige la Colección Francisco López Rupérez, Director de la Cátedra de Políticas Educativas de la Universidad Camilo José Cela

TÍTULOS PUBLICADOS

- CASTRO, María y EGIDO, Inmaculada (Eds.): *Qué sabemos sobre el profesorado. Políticas, evidencias y perspectivas de futuro.*
- CRATO, Nuno: *Apología del libro de texto. Cómo escribir, elegir y utilizar un buen manual.*
- FONTANA, Mónica (Ed.): *La alianza familia-escuela y su impacto educativo. Elementos para la generación de políticas educativas basadas en la evidencia.*
- GAIRÍN SALLÁN, Joaquín (Ed.): *Dirección y liderazgo de los centros educativos. Naturaleza, desarrollo y práctica profesional.*
- LÓPEZ RUPÉREZ, Francisco: *La gobernanza de los sistemas educativos. Fundamentos y orientaciones.*
- NASARRE GOICOECHEA, Eugenio (Ed.): *Por una educación humanista. Un desafío contemporáneo.*
- REIMERS, Fernando M.: *Reformas educativas del siglo XXI para un aprendizaje más profundo. Una perspectiva internacional.*